GWYNFOR
Cofio '66

gol. Guto Prys ap Gwynfor

Gomer

Cyflwynedig i'r wyrion a'r gorwyrion, 34 ohonynt. Mae gweledigaeth Gwynfor ac ysbryd '66 yn rhan o'ch etifeddiaeth. Rhagom i ryddid.

Diolch am bob cyfraniad ac i Wasg Gomer am fentro.

Cyhoeddwyd yn 2016 gan
Wasg Gomer, Llandysul, Ceredigion SA44 4JL
www.gomer.co.uk

ISBN 978 1 78562 202 1

Awdur pob darn yw deiliad yr hawlfraint oni nodir fel arall.

Diolch i'r *South Wales Evening Post* am eu caniatâd caredig
i atgynhyrchu'r erthygl ar dudalen 121.
Diolch i'r *Cymro* am eu caniatâd caredig i atgynhyrchu'r erthygl ar dudalen 110.
Diolch i'r *Tyst* am eu caniatâd caredig i atgynhyrchu'r erthygl ar dudalen 88.

Eiddo teulu Gwynfor Evans yw'r lluniau ac eithrio'r isod:
t. 30 ystad Ron Davies; tt. 65, 68–9, 70–1 Ken Davies; t. 115 Alcwyn Deiniol;
tt. 142–3 Guto Prys ap Gwynfor; t. 144 Alun Lenny

Cyhoeddir gyda chymorth ariannol Cyngor Llyfrau Cymru.

Argraffwyd a rhwymwyd yng Nghymru gan
Wasg Gomer, Llandysul, Ceredigion.

CYNNWYS

CYNNWYS (Parhad)

GWYNFOR

Aled Gwyn

O lethrau'r Garn Goch uwchben Bethlehem
brynhawn dadorchuddio dy faen,
wrth ymyl y cernydd a'r Gaer,
gwelaf y wlad a geraist;
bro Peulin a'i Christnogaeth hir
o Langadog i Landeilo
a'r pentrefi gwyn yn yr haul;
dyffryn afon Tywi yn drwm dan laeth
a thu hwnt, dy Gymru, yn hardd
ond yn fwy na hynny yn hen.

I'r pentrefi hyn
y gwibiaist ar dy rawd etholiadol,
ac wedi cyrraedd neuadd neu 'sgoldy
roedd rhaid yn gyntaf roi darlith,
er ei bod yn boethder lecsiwn,
ar Macsen neu'r tywysogion,
ac yna, wedyn, ddadlau hawl dros dy wlad
i fod yn rhydd.

Crwydro Cymru'n ddiatal
i argyhoeddi'r dyrneidiau,
a dychwelyd yn yr oriau mân
i'r tai gwydr i lwytho'r boeleri â glo;
roedd rhaid ceisio achub y cnwd
er i rai ddarnio'r blodau yn yfflon.

Ar noson y tair pleidlais
a nosweithiau tyngedfennol tebyg,
gwell gennyt oedd bod mewn stafell gefn
nag yn cyfrif pleidleisiau,
i sgwrsio drwy'r orie mân am fagwraeth a gwerthoedd;
ac er i ti eu hymladd,
ac annog eraill i sefyll,
nid etholiadau, ond adeiladu'r mudiad
oedd bwysicaf i ti.

A gwelaf eto'r garreg ar y Garn Goch,
ond nawr, fel hwyl ar gwch
yn symud ar y don ddiatal
i Fae Caerdydd.

ATGOFION AM ETHOLIAD Y GANRIF

D. Cyril Jones

Rhaid dechrau wrth gofio'n annwyl am yr hen swyddfa fach yn Heol y Bont, gerllaw Sgwâr Nott, a fu'n swyddfa i'r Blaid Lafur cyn ein hamser ni. Menter ddewr oedd ei rhentu ym mis Mai 1963 a threfnu ymgyrchoedd 1964 a Mawrth 1966 yno. Pur gyfyng oedd yr adeilad – dwy ystafell fechan, cegin a thŷ bach, a'r ochr arall tu cefn yn parhau i fod ym meddiant y perchennog, Mrs Harvey Nichols, Dinbych-y-pysgod. Yn ôl y sôn, pan fyddai Ledi Megan Lloyd George wedi blino, byddai'n medru dianc i'r ystafelloedd cefn i gael llonydd o gyrraedd y cyhoedd a'r wasg. Ond yno y gosodwyd presenoldeb parhaol Plaid Cymru ar ôl ymdrechion gwiw Jennie Eirian Davies a Hywel Heilyn Roberts yn y pumdegau. Daeth yn ganolfan i bwyllgorau a chyfarfodydd ffurfiol ac anffurfiol o 1963 ymlaen. Rhannwyd 10,000 o daflenni a threfnwyd dros gant o gyfarfodydd cyhoeddus yno yn ystod ymgyrch Hydref 1964. Er y siom o golli'r ernes a chael dim ond 5,495 o bleidleisiau y tro hwnnw, roedd gwelliant sylweddol ym Mawrth 1966 pan gafwyd y bleidlais uchaf erioed i Blaid Cymru, sef 7,416, a hynny fu'n sail i'r wyrth yng Ngorffennaf 1966.

Roedd salwch Ledi Megan Lloyd George ym Mawrth 1966

yn golygu na fu hi yno ond am ryw ddeuddydd, a bu ei marwolaeth ar 14 Mai yn sioc fawr i bawb. Roedd y sôn yn dew am y posibilrwydd o isetholiad cyflym, ac felly rhoddwyd ein cynlluniau ar waith drwy sefydlu Is-bwyllgor Etholiad gyda Dr Gareth Evans, Dre-fach, yn Gadeirydd, a grŵp bach o swyddogion ac aelodau ifanc arno. Cam hollbwysig oedd cael y llenor Islwyn Ffowc Elis i fod yn gyfrifol am gyhoeddiadau a choeddusrwydd, a oedd yn lleihau'n fawr y gwaith a wnaed cyn hynny gan Gwynfor ei hunan. Ei weledigaeth ef a barodd i ni logi safleoedd i osod saith poster mawr 10 troedfedd wrth 7 troedfedd a 30 o safleoedd eraill, a'u llenwi â lluniau mawr o Gwynfor, a'r neges 'Gŵr o Shir Gâr' arnynt. Trefnwyd cyhoeddi taflenni arbennig yn llawn lluniau a negeseuon byr pwrpasol ar gyfer y timau o ganfaswyr a dosbarthwyr. Cystal oedd eu graen fel y clywais un wraig yn dweud eu bod yn 'rhy dda i'w towlu'. Roedd hyn wedi ei baratoi cyn cyhoeddi dyddiad yr isetholiad. Achlysur arall, a drefnwyd gan Bwyllgor Merched yr Etholaeth, oedd Cinio 10, lle'r oedd dros gant o aelodau a chefnogwyr yn bresennol. Pan gyhoeddwyd adroddiadau a lluniau o'r cinio a'r dorf yn y *Carmarthen Journal* a'r *Carmarthen Times* ar 17 Mehefin, roedd yn ddechrau amlwg dros ben – roedd y Blaid wedi cryfhau ei delwedd yn arw! Rhaid cydnabod ymroddiad y pwyllgor hwn, a phobl fel Enid Ralphs, Cissie Walters, Lynfa Jones, Frances Lloyd, ac Enid a Heulwen Howells am gadw'r achos i fynd, ac i'r Trysorydd Jac Jones a'i wraig am ein cadw allan o ddyled.

Pan gyhoeddwyd dyddiad yr isetholiad, sef 14 Gorffennaf, prin dair wythnos wedi'r cyhoeddiad, cefais fy rhyddhau o'm swydd fel athro yn Ysgol Pantycelyn, Llanymddyfri, ac es i weithio fel Cynrychiolydd Etholiadol i Gwynfor am y trydydd tro. Braint fwyaf fy mywyd oedd bod yn rhan o'r datblygiadau dros y tair wythnos ddilynol. Drannoeth y cyhoeddiad, roedd manylion y 26 cyfarfod cyntaf dros y naw diwrnod nesaf wedi eu hysbysebu yn y tri phapur lleol. Bu dyfodiad Elwyn Roberts a Nans Griffith o swyddfa Bangor, a J. E. Jones a Nans Jones o swyddfa Caerdydd, yn newid syfrdanol i waith y swyddfa fach er lleied yr ydoedd, gan ddod â phrofiad a phroffesiynoldeb i holl ofynion rhedeg yr ymgyrch.

Gan fod y swyddfa mor gyfyng, trefnwyd i anfon holl waith ysgrifennu, pacio a phostio'r llythyr etholiadol at oddeutu 60,000 o etholwyr i Swyddfa'r Blaid yng Nghaerdydd er mwyn ysgafnhau'r baich sylweddol ar aelodau lleol, a'u rhyddhau i wneud gwaith amgenach fel canfasio, trefnu cyfarfodydd a gofalu am yr is-swyddfeydd yn Llanymddyfri, Llandeilo, Llangadog, Cydweli a Chastellnewydd Emlyn. Mantais hyn oedd y gellid rhannu'r gwaith canfasio a hysbysebu cyfarfodydd rhwng nifer o is-ardaloedd, a chael y cymorth a lifai i mewn o bob rhan o Gymru. Roedd y Gorllewin a Phenfro dan ofal Dyfrig Thomas, Dyffryn Teifi dan ofal Tedi Millward a Lili Thomas, a'r Dwyrain a'r Gogledd dan ofal Trefor Evans, Llanelli.

Roedd Cangen Ieuenctid wych yn ardal Caerfyrddin dan arweiniad Siân Edwards, Tony Jenkins a Geraint Thomas, a oedd yn gyfrifol am sawl agwedd o'r gwaith. Yr atgof pennaf sydd gennyf yw nad oedd dim yn ormod o drafferth iddynt o fore gwyn tan nos, wrth ganfasio a rhannu taflenni. Yn Nyffryn Tywi, roedd Cangen Ieuenctid Llandeilo yn arwain, a theulu Gwynfor ei hunan yn flaenllaw, a llawer o'u cyd-ddisgyblion yn lledaenu'r neges, ac roedd arweiniad Carwyn James a Mary Stephens yn gefn iddynt wrth y gwaith, ynghyd â ffyddloniaid megis teuluoedd Leslie Richards ac Alun Richards. Hybwyd y gwaith o ledaenu neges yr ymgyrch drwy'r cyrn siarad a anfonwyd yn gyson drwy'r ardaloedd dan ofal ffyddloniaid megis y Parchedigion Eric Grey, Tom Bowen, Alun Rhys, Howell Mudd a Denzil Prothero.

Ochr yn ochr â'r gwaith caib a rhaw, roedd gwaith cyhoeddusrwydd deallus a gofalus Islwyn Ffowc Elis wrth iddo fwydo'r cyfryngau lleol ac ehangach â negeseuon cyson. Sylweddolwyd bod y swyddfa yn Heol y Bont yn llawer rhy fach i gynnal unrhyw gyfarfodydd gyda'r wasg, felly cafwyd siop wag gyfagos ar rent dros dro, a'i gweddnewid mewn amrantiad gyda phapuro a pheintio Ifan Dalis Davies er mwyn cynnal cyfarfodydd i'r wasg bron bob bore. Roedd pobl y wasg o bob rhan o Gymru ac o weddill Prydain yn dod yno yn gyson, wedi eu denu gan y trefniadau ar eu cyfer, ond yn bennaf gan bersonoliaeth garismatig Gwynfor ei hunan. 'Front bench material' a 'The leading personality of the election' oedd rhai o'r sylwadau a ddefnyddiwyd i ddisgrifio'r ymgeisydd a oedd, am y tro cyntaf, yn medru canolbwyntio ar ei ymgyrch ei hun yn hytrach na gweithredu dros Gymru gyfan fel Llywydd Plaid Cymru.

Roedd Islwyn hefyd yn datblygu ei neges ar y posteri mawr ac yn yr hysbysebion am gyfarfodydd gyda'r nos, gan osod neges ar y gwaelod: 'Mae Gwynfor Evans yn gwneud yn dda', a'r wythnos ganlynol, 'Mae Gwynfor YN mynd i wneud yn dda'. Uchafbwynt oedd yr hysbyseb fawr dros chwarter tudalen yn y papurau lleol ar 8 Gorffennaf, yn cyhoeddi y gellid dyblu'r bleidlais a gafwyd yn etholiad mis Mawrth i 15,000, ac y gallai Gwynfor hyd yn oed ennill! Roedd elfen broffwydol yn y poster bychan – map o Gymru â llaw yn gosod croes ar draws Sir Gaerfyrddin gyda'r neges: 'Your hand can make History. X'.

Roedd yr ymchwydd yn cael ei godi'n uwch fyth wrth hysbysebu a chyhoeddi'r Cyfarfod Noson Olaf a drefnwyd yn Sinema'r Lyric, a ddaliai tua mil o bobl – cam a orfodwyd arnom gan fod y tair plaid arall wedi llogi'r neuaddau eraill yn y dref. Os cofiaf yn iawn, roedd y Pwyllgor Etholiadol wedi gorfod mentro i'r fath le a thalu'n ddrud amdano, ond bu gwres yr ymgyrch a'r gefnogaeth yn lleol – ac o bob rhan o Gymru – yn ddigon i sicrhau bod y fenter yn llwyddo. Yn gynnar y noson honno, daeth sôn fod y lle yn dechrau llenwi, ac anfonwyd cyrn siarad o gwmpas y dref a'r maestrefi yn cynghori pobl i beidio â dod gan y byddai'n orlawn. Ond effaith hyn oedd tynnu mwy i ganol y dref, ac roedd cannoedd y tu allan yn ystod y cyfarfod. Ni chefais y fraint o fod yno – roeddwn i ac Elwyn Roberts wrthi'n paratoi'r deunydd ar gyfer y cynrychiolwyr fyddai yn y bythau pleidleisio ar y dydd Iau tyngedfennol. Ond yn ôl yr adroddiadau, yr oedd yn debyg i gyfarfod Diwygiad. Cafwyd areithiau gwych gan Wynne Samuel, Jack Sheppard a Dr Gareth Evans, ond yr uchafbwynt oedd araith ysbrydoledig Gwynfor Evans ei hunan, a'i stori am yr arwerthwr yn gofyn yn y mart a gynhaliwyd yng Nghaerfyrddin y diwrnod hwnnw, 'Are you in, Mr Evans?', ac ateb Gwynfor, 'No, but I will be tonight.' Ychydig a freuddwydiai yr un ohonom mai felly y byddai! Ond eto, roedd caneuon Dafydd Iwan am 'weld y dydd yn dod' yn atseinio yng nghlustiau'r dorf yn y cyfarfod.

Fore trannoeth, wrth i mi deithio i Gaerfyrddin gyda myfyriwr ifanc o Ben-y-groes, Palmer Parry, oedd wedi bod yn aros gyda ni ym Mhumsaint, aeth Palmer ati i gyfrif pawb oedd yn codi llaw ar y daith trwy Lansawel, Brechfa a Nantgaredig. Nododd 15 llaw yn ein cyfarch, a daeth i'r casgliad bod hynny'n golygu 15,000 o bleidleisiau – digon i ennill. Daeth Palmer yn athro Mathemateg – bu'n dysgu Carol Vorderman – ond prin y gallwn gredu ei symiau ar y pryd!

Mae trefniadau diwrnod yr etholiad yn dibynnu ar y gwaith hanfodol o gasglu pob cefnogwr posibl. Fe wnaed hyn yn llawer mwy manwl nag erioed o'r blaen, a llwyddwyd i osod rhai cefnogwyr yn y rhan fwyaf o'r 120 o fythau drwy'r etholaeth. Bu Gwynfor a Rhiannon, ei briod, Islwyn ac Eirlys Ffowc Elis a Dr Gareth Evans yn teithio drwy'r holl ardaloedd, yn galw heibio i galonogi ein cefnogwyr a diolch i'r rhai oedd yn gofalu am y gwaith. Ar ddiwedd y dydd, roedd yn rhaid casglu'r grŵp ohonom oedd wedi ein dewis i fynd i mewn i Neuadd y Sir, lle byddai'r cyfrif terfynol yn digwydd. Ar ôl y cyfrif cyntaf pan wiriwyd y papurau ym mhob blwch o bob bwth, roedd yn amlwg ein bod wedi gwneud yn dda; ond bu'n rhaid aros tan yr ail ran o ddosbarthu'r pleidleisiau i'r gwahanol ymgeiswyr cyn gweld pa mor dda yn union. Erbyn i oddeutu hanner y pleidleisiau gael eu rhannu, roedd yn eglur fod Gwynfor ar y blaen o dipyn. Mentrais fynd allan i'r coridor a theleffonio Elwyn Roberts er mwyn iddo rybuddio Gwynfor o hynny pan fyddai'n dod i Gaerfyrddin erbyn y canlyniad. Yn ôl yr hyn a ddeallaf, nid oedd Gwynfor yn credu'r newyddion syfrdanol, ond mae'n deyrnged iddo ei fod wedi traddodi araith wych wrth gyfarch y dorf enfawr oedd wedi dod ynghyd ar y sgwâr. Dagrau o lawenydd a welais pan ddaeth Meinir, merch Gwynfor, ataf ar ôl y cyfrif. Roedd y 'gyntaf wyrth' wedi digwydd yn Sir Gâr, ac ni fyddai hanes Plaid Cymru na Chymru fyth yr un fath ar ôl y fuddugoliaeth hanesyddol honno.

Yr un oedd yr hanes gwefreiddiol wrth i'r modurgad bychan dyfu yn fflyd hir o weithwyr a chefnogwyr wrth iddo deithio ar hyd a lled yr etholaeth i ddiolch am y gefnogaeth a gafwyd – fel y dywedodd Islwyn Ffowc Elis, 'Cadwodd y bobl eu gair'. Prawf o'r ysbryd hwn o gyffro oedd i mi dreulio'r dyddiau canlynol yn trefnu chwech o fysiau i gludo dros dri chant o gefnogwyr i Lundain i weld Gwynfor yn cymryd ei le yn Senedd San Steffan fel yr 'Aelod dros Gymru', a'r aelod cyntaf dros Blaid Cymru.

Cinio 10. Yn y llun gwelir Cyril Jones a'i wraig Anita. D. J. Williams, Gwynfor a Rhiannon a nifer o'r rhai a enwir ar dudalen 10. Mae Howell Mudd i'w weld yn y canol uchaf

Bwrw pleidlais adeg
Etholiad Cyffredinol 1966

ENGLYNION I LONGYFARCH GWYNFOR

(ar ei fuddugoliaeth yng Nghaerfyrddin)

D. Gwyn Evans

Awr orau dy arwriaeth – a haeddiant
    Dy fonheddig hiraeth;
  O gael y Fuddugoliaeth
  Ni fydd Cymru'n Gymru gaeth.

Bu banllef yn nhre'r Dderwen, – afradus
    Fu'r brwdfrydedd llawen;
  Wele'r wŷs – ŵr Talar Wen,
  Yn ein hing ti yw'n hangen.

Y mwyn ŵr, fe welsom ni – arafwch
    Dy ryfedd gwrteisi,
  A chryfder dy dymer di
  Yw gras pan gei dy groesi.

Buost fonheddwr gwrol – er i dair
    Oedi'r dydd buddugol,
     Doethed addfwynder dethol
     Dy eiriau pur wedi'r pôl.

Da was wyt a'n dewis eto – i fynd
    Dros wlad fach ddi-ildio,
     Dos dithau o frwydrau'r fro – gyda'r ddau
     Yn huawdl enau i'n cenedl yno.

I'w hebrwng mae clod dibrin – am lwyddiant
    Yr ymladdwr diflin;
     Gŵr cyfyngder ein gwerin
     A'i hy lais dros genedl flin.

AROS MAE

Euryn Ogwen Williams

Wn i ddim beth ddaeth gyntaf.
Ai bwrlwm y cyfnod, fel y llanw'n dod i mewn?
Neu lais proffwydol Gwynfor
Fel grym disgyrchiant y lloer
Yn tynnu'r teid ar ei ôl?
Y cyfan wn i yw fod yr 'Haleliwia'
Wedi llenwi enaid llawer i Gymro
Wrth fynd yn droednoeth i ymyl y tonnau
Ar draeth ein hunaniaeth hen.

Mi glywais y llais
Yn gadarn ar lwyfan
Ac yn dyner ar y ffôn;
Llais oedd wedi goresgyn pob sen
Gyda sicrwydd ei neges
A thincial ei chwerthiniad.
Mae'r ffin yn denau
Rhwng ystyfnigrwydd a dyfalbarhad.

Roedd Canute yn 'styfnig
Yn ceisio atal y tonnau;
Dyfalbarhad yw gweithredu mewn ffydd
Y byddai'r teid yn troi.

Mi glywais y llais
Yn mowldio ewyllys y bobol
I dderbyn y cyfrifoldeb am etifeddiaeth mor hael.
Mi deimlais yr ewyllys
Yn sugno'r dyfroedd.
Aeth y lloer dros y gorwel,
Daeth y llanw i mewn,
A does dim grym ar ôl
All ei dynnu fe mas.

ATGOFION O'R GORFFENNOL

Howell Mudd

Ymunais â Phlaid Cymru yn y 1950au pan oedd y ddiweddar Jennie Eirian Davies yn ymgeisydd seneddol yn etholaeth Caerfyrddin. Roedd hwnnw'n gyfnod digon anodd i ganfasio gan fod pobl mor elyniaethus at y Blaid. Cafodd Gwynfor ei hun wrthwynebiad cryf o fewn y Cyngor Sir i'w safiad dros Gymru. Yn 1966 daeth tro ar fyd pan etholwyd Gwynfor yn aelod seneddol cyntaf y Blaid yn Sir Gaerfyrddin. Un o'm dyletswyddau i oedd mynd â'r corn siarad o amgylch i hysbysebu cyfarfodydd mewn gwahanol bentrefi ar hyd a lled y sir. Fi oedd yn dreifio, a dwy ferch, Owenna Davies o Langeler a Norma Winston o Dre-fach, oedd yn defnyddio'r corn siarad. Cefais fy anfon wedyn i Gaerdydd am ddeg o'r gloch y nos i'r swyddfa yn Heol y Frenhines i gwrdd â'r diweddar, annwyl W. H. Roberts i nôl taflenni. Erbyn i ni eu plygu a gyrru'n ôl i Gaerfyrddin, roedd hi'n bedwar o'r gloch y bore, a hithau bron â dyddio. Braint oedd cael treulio amser yng nghwmni pobl fel Nans Jones, J. E. Jones, Glyn James, Dan Thomas, W. H. Roberts ac eraill, a chydweithio â nhw.

Ar y noson cyn y pleidleisio, cefais fy nhaflu allan o Neuadd San Pedr lle'r oedd cyfarfod y Blaid Lafur yn cael ei gynnal, am heclo siaradwyr y blaid honno; nid oedd y neuadd yn llawn. Yn y Lyric, nid nepell o'r fan honno, yr oedd Gwynfor wedi llenwi'r sinema i'r ymylon. O'r funud honno, fe deimlwyd fod yna newid ar droed yng Nghaerfyrddin.

Yn oriau mân bore'r canlyniad, roedd tyrfa enfawr yn disgwyl o flaen Neuadd y Dref, ac yn gweiddi: 'Gwynfor, Gwynfor'. Pan ymddangosodd Gwynfor ar y balconi, mi aeth y dyrfa'n wallgo, fel petai pawb wedi cael yr anrheg pen-blwydd orau erioed, gan gydio yn ei gilydd a dawnsio mewn llawenydd. Dywedodd un o'r dyrfa yn uchel fod yr hen ddihareb yn eithaf gwir – 'dyfal donc a dyr y garreg' – ac fe chwalwyd craig boliticaidd y gyfundrefn Seisnig y bore hwnnw.

Drannoeth, aeth mintai o geir o gylch y sir i ddiolch am y gefnogaeth a'r ymddiriedaeth a roddwyd i Gwynfor. Fy nghydymaith ar y daith honno oedd y diweddar D. J. Williams, Abergwaun, un o'r anwylaf o blant dynion, a wnaeth fy nghamgymryd am Cyril Jones, asiant Gwynfor. Wrth deithio gyda mi yn y car, fe ddywedodd rywbeth fel hyn: 'Rwy'n fodlon marw yn awr, gan fod Caerfyrddin wedi gweld sens o'r diwedd ac ethol Gwynfor.'

Mae'n debyg bod y *Daily Mail* wedi mynd i'r wasg y noson gynt yn cario'r pennawd 'Labour hold on to Carmarthen', ond bu'n rhaid iddynt ailargraffu a chario'r pennawd newydd: 'Welsh unseat Labour in Carmarthen'!

O BEN Y GARN

Hilma Lloyd Edwards

Wedi crwydr a hir frwydro,
I frig uchelgaer ei fro
Yn hedd y diwedd y daeth
Ein henwr mwyn o bennaeth
I wylio hynt y gelyn
A'u bryd ar orchfygu'r bryn –
Rhes ar res yn dynesu
Gan wawdio o herio'n hy,
Gyrru heyrn drwy'r hengaer hon,
Anelu at ei chalon.

Yn y bwlch ei hun y bu
Am oes yn ysgarmesu.
Yn ei dro, ym merw'r drin
Â'i weddill moel o fyddin;
Bu'n darian yn y canol,
Un â'i nerth yn ddi-droi'n-ôl,
Yn frwd dros roi'i einioes frau,
Rhoi'i waed dros ei ddelfrydau.

O'i gad, troi i'r cysgodion
A wnaeth – i'r genhedlaeth hon
Erys mur, ac aros mae
Yn eglur fflam ei ffaglau'n
Oleuni i'w olynwyr
Yn y gwyll, i gymell gwŷr
A saif yn llewyrch ei sêl
I achub ei dir uchel,
Rhoddi hud ei freuddwydion
Ar waith, a throi'r fryngaer hon
Ag afiaith yn wlad gyfan
Ir a hardd ac ar wahân –
Ei hargoel drwy'r wawr eurgoch,
Nid yn sarn ar y Garn Goch.

COFIO '66?

Ron Williams, Llangadog

Wel dyna sialens, gan gydnabod bod cofio beth ddigwyddodd flwyddyn neu ddwy yn ôl yn ddigon anodd. Cofio Lecsiwn '66? Ma 'na rai pethe wna i *fyth* eu hanghofio a phethau eraill wedi diflannu'n llwyr. Ond dyma rai o'r atgofion o'r cyfnod anhygoel hwnnw, na welwn ni mo'i debyg eto.

Doedd yr un o'r ymgeiswyr oedd yn sefyll yn yr etholiad yn perthyn drwy waed, ond roedd perthynas gref gen i ag un, gan nad ymgeisydd Plaid Cymru yn unig oedd Mr Gwynfor Evans i mi, ond tad i Guto, Meinir, Branwen, Rhys, Meleri, Dafydd ac Alcwyn. Roedd Gwynfor hefyd yn athro ysgol Sul arnaf yn nosbarth yr ifanc yng nghapel Providence, Llangadog – ac athro da iawn ydoedd. Doedd gan yr ymgeiswyr eraill ddim gobaith, hyd yn oed pe byddent wedi rhoi ffortiwn i mi i weithio drostynt! Er nad oeddwn yn aelod o deulu Gwynfor, roeddwn yn teimlo, fel sawl un arall, ein bod yn perthyn.

Gŵyr pawb mai un o flaenoriaethau unrhyw ymgyrch wleidyddol dda yw cyhoeddusrwydd a dwyn sylw i'ch ymgeisydd. Heddiw rydym yn gyfarwydd â bysiau dwbwl dec yn teithio ar hyd y wlad gyda'r cyfleusterau gorau o'u mewn a'r neges yn fawr oddi allan, ac mae'r cyfryngau cymdeithasol yn golygu bod posib rhannu eich neges â miloedd gydag un clic o'r botwm.

Nid oedd dim sôn am Facebook na Twitter, ac nid oedd gennym fws chwaith. Nid oedd yr un ohonom yn berchen ar gerbyd ond roedd gennym gyfaill oedd yn fodlon rhoi benthyg ei gerbyd yntau. Pwy oedd y cyfaill hwnnw? Gweinidog y capel: y Parch. Alwyn Williams – hen foi iawn. Singer Gazelle oedd y car a'r unig fai arno oedd mai glas oedd ei liw. Fe ofynnwyd am yr hawl i'w beintio'n wyrdd, ac er cael perffaith ryddid i'w ddefnyddio fel y dymunem, gwrthodwyd y cais am gael ei beintio!

Cymwynas fwya'r car oedd ymateb i driciau brwnt y pleidiau eraill. Fel aelod o gabinet yr ifanc, cylch Llangadog, ein nod ar y dechrau oedd cadw'r ymgyrch yn lân a safonol – nid oeddem am adael i'r pleidiau eraill ein cyhuddo o gyflawni unrhyw weithred a fyddai'n pardduo enw da Gwynfor.

Dyna'r nod. Ond mewn difri calon, beth oeddem i'w wneud pan ddeallwyd fod y posteri'r oeddem wedi eu rhannu y noson cynt wedi cael eu tynnu lawr a ninnau'n gwybod nad Morus y Gwynt oedd yn gyfrifol am hynny? Penderfyniad y cabinet oedd holi'r gweinidog am hawl i roi rac oedd yn ffitio to'r car a benthyg ysgolion. Dydw i ddim yn hollol sicr beth fu ymateb y gweinidog – o bosib na wnaethom ofyn caniatâd o gwbl. Cychwynnwyd allan yn hwyr y nos ar sawl noson gyda'r ysgolion ar y rac a'r sgwad yn barod. Roedd gan bob un ei gyfrifoldeb. Un i dynnu sylw at bolion teleffon – dim llawer o gamp gan eu bod ym mhobman. Dau arall i dynnu'r ysgolion oddi ar do'r car, a'u hagor i'r eithaf er mwyn cyrraedd y man ucha ar y polyn. Un arall i roi glud ar y poster ac un i'w roi yn ei le. Golygfa wych wrth fynd o amgylch y sir fore drannoeth oedd gweld posteri Gwynfor yn rhy uchel i neb gael gafael arnynt. Roedd y rhain i aros am byth. Byddai'n amlwg i bawb yn ystod yr ymgyrch fod un blaid yn codi ei golygon yn llawer uwch na'r gweddill, a doedd dim rhyfedd i'r blaid honno lwyddo.

Fedra i ddim canmol yr hen Singer Gazelle ddigon, ac mae'n rhaid bod rhywbeth yn yr enw, achos roedd ynddo ysbryd anturus tebyg i geir James Bond. Pan fyddai'n mynd heibio i bosteri'r pleidiau eraill, deuai sŵn tebyg i *hoover* pwerus o'i gefn nes bod pob teithiwr yn y car yn rhy ofnus i symud a siarad. Cyrhaeddwyd comin Llangadog ar ôl noson swnllyd o deithio a phan agorwyd y bŵt, er mawr syndod i ni, roedd posteri'r pleidiau eraill yn gorwedd yno, rhywsut. Mae'r digwyddiad hwn yn parhau yn ddirgelwch hyd heddiw!

Barn llawer y dyddiau hyn yw fod etholiadau ac ymgyrchoedd yn ddiflas a difywyd, a llai a llai o gyfle i glywed ymgeiswyr yn siarad yn lleol. Nid felly'r oedd hi yn '66, a byddai'r ymgeiswyr yn crwydro'r wlad, noson ar ôl noson, i siarad mewn cyfarfodydd cyhoeddus. Fel ieuenctid yr ardal byddem yn mynychu cyfarfodydd cyhoeddus pob un o'r ymgeiswyr, ac yn ystod yr areithiau, roedd yna heclo perthnasol ac amherthnasol yn digwydd. Cadwai'r cyfarfodydd hyn pob ymgeisydd yn effro, ac roeddem am wneud yn siŵr nad taith hawdd fyddai hi i'r ymgeiswyr, ac eithrio un.

Wedi'r fuddugoliaeth, teithiais ar un o'r bysiau a drefnwyd i fynd i Lundain gyda chriw brwd, ac roeddem wedi paratoi nifer o bosteri i fynegi ein teimladau o lawenydd. Wedi dod oddi ar y bws roeddwn yn llawn brwdfrydedd i chwifio fy mhoster, ond fe daflwyd dŵr oer ar y cynlluniau. Fel hyn y cofnodwyd yr hanes yn y papur. O dan y pennawd 'Hen Wlad greets Gwynfor Evans', gwelwyd y canlynol: 'Two youths carrying a "Look out Wilson – Wales is on the move" banner appeared. Police ordered them to remove the banners, and the youths were hustled away.' Ni oedd yr 'youths' a dyna i chi gelwydd noeth os bu erioed – y cyfan ddywedodd yr heddlu wrthym oedd nad oedd hawl gan neb i arddangos unrhyw boster yn agos i'r Senedd, ac am yr 'hustled away', wel, ddigwyddodd ddim o hynny'n bendant.

Wna i fyth anghofio'r bore Sul ar ôl i Gwynfor fod yn Nhŷ'r Cyffredin am y tro cyntaf. Roedd y ffordd tu allan i gapel Providence yn llawn o newyddiadurwyr, camerâu a phobol teledu yn disgwyl am y gŵr a ddeuai i'r oedfa. Fe ddaeth y bore hwnnw gyda'i blant a'i wraig, Rhiannon, a fu'n gymaint o gefn iddo. Pan gerddodd mewn i'r capel, Aelod Seneddol cyntaf Plaid Cymru ydoedd i'r mwyafrif, ond i mi, fy athro ysgol Sul oedd e, yr un ymhlith nifer rwy'n ddiolchgar ac yn ddyledus iddynt am y sylfaen gadarn roddwyd i mi ac i ieuenctid eraill yr ardal.

Dydw i'n cofio fawr ddim am yr oedfa, ond rwy'n cofio mai'r un oedd yn arwain y gwasanaeth oedd Alwyn Williams, y gweinidog a fenthycodd y Singer Gazelle glas i ni adeg yr ymgyrch. Roedd wedi gwneud poster arbennig a'i osod ar bolyn teleffon gyferbyn â'i gartref, Llys Arthen, gyda'r geiriau: Gwynfor Evans. Dyn – Cartref. Cymdogaeth. Capel. Cenedl Cymru. Dyn Caerfyrddin.

Ron Williams (yn dal y placard) ac eraill ar sgwâr Llangadog drannoeth yr etholiad

YSBRYDOLIAETH EIN CENHEDLAETH A'N CENEDL

Dafydd Wigley

Clywais Gwynfor yn annerch cyfarfod y Blaid am y tro cyntaf ym Mae Colwyn tua Hydref 1959. Yr oedd yntau newydd sefyll etholiad 'Tryweryn' ym Meirionnydd, a minnau wedi sefyll mewn ffug-etholiad yn yr ysgol. Roedd ei bresenoldeb yn sylweddol, a'i arddull tawel ond cadarn mor rhesymol. Ni allwn ddeall paham nad oedd Cymru wedi codi fel un i gefnogi'r arwr hwn.

Ar ôl iddo gael ei ethol i'r Senedd yn 1966, aeth Phil Williams a minnau ati i sefydlu grŵp ymchwil y Blaid. Buom yn helpu Gwynfor drwy hel ffeithiau ystadegol iddo ar gyfer ei areithiau, a llunio cwestiynau seneddol. O fewn wyth mlynedd, roedd Dafydd Elis Thomas a minnau efo Gwynfor yn Nhŷ'r Cyffredin.

Yr oedd arddull Gwynfor wrth annerch cynulleidfaoedd yn unigryw. Byddai'n cychwyn efo rhyw agwedd ar hanes Cymru – rhywbeth oedd yn berthnasol i ardal y cyfarfod, os oedd modd. Datblygai'r weledigaeth genedlaethol dros y canrifoedd ac yna arwain y dorf i deimlo bod hunanlywodraeth yn anhepgor, yn anorfod, ac ar fin dod. Yn rhywle yn ei eiriau cymedrol, gwefreiddiol, byddai ias yn rhedeg i lawr y cefn a deigryn yn dod i lygaid y gwrandawyr.

Drwy gyfnod eithriadol o anodd ac unig – yn y Cyngor Sir ac yn y Senedd – ac wedyn yn dilyn ffiasgo'r Refferendwm yn 1979, ni chwerwodd Gwynfor, er iddo gael ei siomi ganwaith. Roedd yn optimist anhygoel – yn edrych am agwedd obeithiol ar unrhyw sefyllfa bob amser, ac yn gweld y gorau ym mhob unigolyn.

Yr oedd hefyd yn eithriadol ddiwyd. Fe luniodd ddwsinau o bamffledi a thaflenni, heb sôn am lyfrau swmpus. Byddai wrthi yn ei ystafell yn y Senedd yn hwyr y nos yn ysgrifennu llythyrau (yn ei law ei hun) at lu o gyfeillion: gair o longyfarch, neu o anogaeth; awgrym neu ddau – a diolch am y cymwynasau lleiaf i'r mudiad ac i'r genedl.

Wedi iddo adael y Senedd, parhaodd i ysbrydoli ac i greu cenedlaetholwyr. Gwelai ei safiad ar y sianel deledu fel cyfle i herio'r genedl drwy aberth. Nid oedd gan unrhyw un ohonom (gan gynnwys Margaret Thatcher) unrhyw amheuaeth y byddai Gwynfor wedi gwireddu ei addewid, ac wedi ymprydio hyd farwolaeth pe bai rhaid. Yr oedd ei fuddugoliaeth ('Gwynfor 1 – Thatcher 0', yn ôl graffiti ar lannau afon Tafwys) yn dechrau'r broses o adfer ein hunan-barch fel cenedl.

Heb gyfraniad enfawr Gwynfor, ni fyddai gennym Gynulliad. Mae ei etifeddiaeth wedi rhoi hyder am obaith newydd. Ni fyddai chwaith gan y genhedlaeth nesaf gyfle i adfer ein hiaith a'n diwylliant os myn, fel y mynnodd Gwynfor, nad yw tranc ein hunaniaeth yn anorfod. Beth yw maint ein dyled iddo?

MY FRIEND GWYNFOR

Winnie Ewing

Winnie Ewing oedd yr Aelod Seneddol cyntaf i gynrychioli'r SNP yn Senedd Llundain. Enillodd isetholiad yn Hamilton, Glasgow, ychydig fisoedd wedi i Gwynfor ennill isetholiad Caerfyrddin. Oni bai am fuddugoliaeth Caerfyrddin, mae'n bosibl na fyddai'r SNP wedi ennill y sedd honno.

My friendship with Gwynfor Evans dates from July 1966. I had just returned from a short holiday and was sorting through my mail. It contained the letter informing me I was the SNP candidate for the forthcoming Hamilton by-election. I let out a cry to my husband, who was watching the TV news. At the exact same moment he shouted, 'Come and see this.' 'This' was Gwynfor taking his seat for Carmarthen.

The Hamilton victory changed my life and my party's prospects as Carmarthen had in Wales. Gwynfor, of course, was my first sponsor. I relied on his advice and his kindness, and his friendship of solidarity for me and for Scotland. He sat with me during the six-weekly ordeals of Scotland's Questions, and I sat with him during the Welsh counterpart. Both of us were subject to carping, sneering and insults – almost amounting to crucifixion.

Memories flood back. For example, when I asked Gwynfor, 'What shall we do if they offer us half a loaf?' his reply was, 'You could never justify to the people of Scotland voting against any improvement in their status.' I have quoted this advice to my party over and over again.

How does one encapsulate all the memories of Gwynfor and his wonderful wife and children? Well do I remember Meinir's arrest. Gwynfor and I were summoned out to the waiting press, and he said: 'What father would not be proud of such a daughter?'

Gwynfor, a great student of Welsh, once told me of an extraordinary coincidence: 'We have the same name, Gwynfor Evans and Winifred Ewing.' This accident of nomenclature seemed very fitting.

How to summon up those weary years before 1970, when each of us spent almost every moment touring our countries, speaking and persuading? Gwynfor did not worry as much as I did about Parliamentary attendance. Our Scottish press, being numerous, attacked me for any missed vote, however meaningless. Gwynfor would say, 'The voters are in Wales, and I'm off to get them.'

Our families appear to have forgiven us for lost shared time, and in my heart and in Scotland's, Gwynfor Evans will always be a Scottish patriot as well as a Welsh one.

ETHOL PWYLLGORE

John Gwilym Jones

(O gofio am ryw amser te ar y meinciau yn rhwm-ford Parc
Nest, yn clywed Gwynfor a Dat yn arbennig yn mwynhau
cyfnewid atgofion am Blaid Lafur Sir Gaerfyrddin yn niwedd
y pedwardegau. Caent hwyl yn cofio am y sgarmes i enwi
cynghorwyr i fynd ar bwyllgorau'r Cyngor Sir, a'r cynllwynio i
gadw Gwynfor allan o bopeth.)

Un bore'n y Cyngor yn Guildhall Caerfyrddin
fe gafwyd achlysur go anghyffredin.

Fe ddaeth yn ddiwrnod penodi'r aelode
i wasanaethu ar wahanol bwyllgore.

Fel arfer fe fydde 'na gynnen a phwdu
a chwmpo mas pwy oedd fod ar gomiti.

Ond y bore hwnnw, roedd aderyn brith
wedi dod o Langadog i eiste'n eu plith,

a'r holl Lafurwyr a bleidleisiai'n ddi-feth
i gadw'r Welsh Nash 'na mas o bob peth.

O bwyllgor planning i bwyllgor neuadde
a phwyllgor toilets a phwyllgor y parce,

y diwrnod hwnnw, yn berffaith gytûn,
rhoed pwyllgor i bawb, ar wahân i un.

Ac yna cyrhaeddwyd at bwyllgor yr hewlydd
oedd yn trefnu'r ffyrdd a'r corneli a'r pontydd;

gyda'i dreulie helaeth am drips go hir
i edrych pob problem ym mhobman drwy'r Sir,

roedd pob cynghorwr am fynd ar hwnna,
o waelod St Clêrs i dop Llanwrda.

Fe enwyd yr enwe, a hynny ar ras:
ond aelod Llangadog, rhaid ei gadw fe mas,

wath os câi hwnnw ryw gyfran o'r cash
âi treulie'r Cownsil i goffre'r Welsh Nash;

ac fe'i rhwystrwyd rhag mynd ar y Roads and Bridges
gan wynebe fan draw oedd fel rhes o ffridjis.

Roedd 'na bwyllgor wedyn oedd yn werth y byd,
roedd hwn yn uwch na'r rhai erill i gyd;

ro'en nhw'n wmla fel plant am eu jeli-bîns
i fod ar Gomiti y Ways and Means.

Cafodd pawb sbel ar hwnnw, o'r di-nod i'r enwog,
pawb, hynny yw, ond aelod Llangadog.

Ond roedd 'na un pwyllgor ar waelod y rhester
nad oedd o ddiddordeb i'r Cownsil fel arfer.

Doedd neb yn rhyw siŵr beth oedd hwnnw ambwyti,
sef pwyllgor y Libraries Sub Comiti.

Doedd dim diddordeb ymhlith yr aelode,
na lot o ddiléit mewn darllen hen lyfre.

A dyna'r ffordd y gadawyd i Gwynfor
gael yr anferth anrhydedd – cael eistedd ar bwyllgor.

YFED SEIDR YNG NGHWMOERNANT

Sharon Morgan

Ar 14 Gorffenaf 1966 o'n i'n ferch ysgol 16 oed a doedd dim ffin rhwng bywyd a gwleidyddiaeth. Digwyddodd y gwleidydda yng nghanol bwrlwm bywyd. Roedd yr arholiadau newydd orffen a 'mywyd yn llawn llyfrau, partïo, twmpatha, barbeciws, a dawnsfeydd a pherfformio gydag Aelwyd Caerfyrddin, ymweliad cyfnewid â Ffrainc, mynd i brynu defnydd i wneud ffrog – pethau fel 'na.

Dwi ddim yn cofio'n union pryd ymunais i â'r Blaid, ond yn sicr bues i'n cefnogi'n frwd yn ystod yr etholiad cyffredinol rhyw dri mis ynghynt. Roedd y ffaith bod Gwynfor wedi cynyddu ei bleidlais bryd hynny yn cael ei ystyried yn llwyddiant. Roedd gan Lafur afael haearnaidd ar Gymru, etholaeth Caerfyrddin a'i chyngor sir. Plaid Cymru oedd 'y blaid fach', yn cael ei gwawdio a'i hanwybyddu gan bobl fel Saunders Lewis ac Ifan ab Owen Edwards. Y nod nawr oedd cynyddu'r bleidlais ryw ychydig.

Doedd neb yn meddwl bod gan Gwynfor obaith o ennill. Roedd llawer wedi eu siomi yn y Blaid. Yn dilyn darlith Tynged yr Iaith sefydlwyd Cymdeithas yr Iaith i warchod yr iaith 'trwy ddulliau chwyldro …' Ateb gwahanol oedd gan Fyddin Rhyddid Cymru.

Rhyfel neu chwyldro? Doedd neb llawer am fentro rhoi ei arian ar ddulliau cyfansoddiadol. Pa mor wahanol fyddai'n hanes ni oni bai am ganlyniad annisgwyl 1966?

Gan fy mod i'n byw tu fas i'r dre, atodais fy hun at gangen ieuenctid tre Caerfyrddin, criw effeithiol, di-ofn a difyr oedd yn cynnwys Tony Jenkins, Dai Rees, Geraint 'Proff' Thomas, Beverley Jones a Siân Edwards. Buon ni'n plygu a phosto pamffledi, pasto posteri, canfasio a mynychu cyfarfodydd i wrando ac i heclo. Roedd e'n debycach i bleser na gwaith; wedi'r cyfan, mae brwydro yn erbyn pwerau'r sefydliad yn apelgar iawn, yn arbennig pan y'ch chi'n 16 oed.

Noswyl yr etholiad, cynhaliodd y Blaid rali yn sinema'r Lyric. Wedi ein hysbrydoli gan areithio Gwynfor a chanu Dafydd Iwan, buon ni'n pasto posteri tan oriau mân y bore. Ac yna ar ddiwrnod yr etholiad bues i'n marcio'r gofrestr yn yr orsaf bleidleisio leol yn ysgol y pentre. Gyda'r nos stwffiodd saith ohonon ni i gefn fan mini a mynd i gae yng Nghwmoernant uwchben y dre i yfed seidr, cyn mynd lawr i'r sgwâr ar gyfer y canlyniad.

Pan gyrhaeddon ni'r sgwâr tua un o'r gloch y bore, roedd torf yno'n barod, yn llawn cyffro. Ac yn sydyn daeth si bod Gwynfor wedi ennill. Roedd yn rhaid bod hynny'n amhosibl. Tyfodd y cyffro, beth petai e'n wir? O'n i'n llafarganu yr annhebygol 'Gwynfor *cha-cha-cha*!' Ac yna'r tawelwch wrth i bobl ddechrau ymddangos ar y balconi, ac wedyn daeth y datganiad: 'Gwynfor Richard Evans …' Ffrwydrodd y dorf a minnau gyda nhw, yn llawn anghrediniaeth ac iwfforia llawer gwell na seidr Cwmoernant. Siglwyd yr hen dre i'w seiliau. Ac wedyn cododd seiniau 'Hen Wlad Fy Nhadau', yr anthem genedlaethol orau erioed ar gyfer unrhyw achlysur, ond roedd ystyr newydd iddi ar yr achlysur cwbl syfrdanol hwn. Doedd hi ddim yn hen wlad bellach – nawr i ni, roedd hi'n wlad newydd, gwlad oedd wedi profi daeargryn a newidiodd y dirwedd yn llwyr. Fe freuddwydion ni ac fe wireddwyd ein breuddwyd. Fe gafon ni ein gwobr. Roedd e fel dadeni.

Yn ystod y chwedegau cododd pobl ifainc eu lleisiau. Rhwng anghrediniaeth a rhyfeddod ar y pryd, sylweddolais i 'mod i'n Gymraes a bod Cymru'n wlad. Trwy ddiffinio fy hunaniaeth daeth yr ymwybyddiaeth fod yn rhaid i bethau newid, a hyn i gyd wrth i fi dyfu i fod yn oedolyn. Rhyddid o hualau San Steffan oedd y nod. Rhyddid oddi wrth gyfundrefn nad oedd yn becso ffeuen amdanom ni, ddim yn parchu'n hiaith na'n diwylliant, ddim yn buddsoddi yn ein hisadeiledd na'n diwydiannau, oedd prin yn cydnabod ein bodolaeth. Yn hytrach na chardota am friwsion, roedd rhaid cydio yn yr awenau. Roedd y cyfnod o chwilio a dewis yn gwbl dyngedfennol i minnau fel unigolyn, i 'nghenhedlaeth, ac yn ein sgil, i Gymru. Fe gredon ni fod ein hachos yn gyfiawn a bod newid yn bosib. Ar yr amser gorau posib.

Yn rhyfedd iawn, dwi'n dal ddim cweit yn gallu credu'r peth. Mae'r ferch 16 oed sy'n dal i fyw tu fewn i fi yn syfrdan bob tro y gwela i adeilad y Cynulliad, neu pan glywa i'r geiriau 'Llywodraeth

Cymru'. Does neb yn amau nad oes ffordd hir o'n blaenau, ond dwi'n sicr y cyrhaeddwn ni. Plannwyd optimistiaeth gadarn a gobeithlon ar y noson honno o Orffennaf yn 1966.

Dyna sut daeth gwleidyddiaeth mor bwysig i fi – yn ferch ysgol 16 oed oedd yn chwilio am brofiadau newydd – ac felly mae wedi bod byth ers hynny. Dwi ddim yn wleidydd, dwi'n actores, ond cefais y fraint o ddysgu a deall bod cred gref a gobaith am well dyfodol yn gallu arwain at ryfeddodau.

Dewch i ni roi'r bleidlais i bobl 16 a 17 oed, nid yn unig er mwyn clywed eu barn nhw heddiw, ond er mwyn ei chlywed am genedlaethau i ddod.

Y noson dyngedfennol

Consider Your Future
Torrwch Dir Newydd

A Gwynfor Evans Campaign Leaflet

PLAID CYMRU
AND YOU

*A dofod y mae'r Awdl
Pan na bydd neb i'w rwido,
Heb amor i'w hudo/solo,
Na charoid i'w gymoyho,
A dhuw fydd Cymru'n chydd.*

A Word About
YOUR OWN NATIONAL PARTY
With a Personal Message from
GWYNFOR EVANS

COFIO TAD-CU

Y Garthen, *Mai 2005*

Heledd ap Gwynfor

Mae gan bawb atgofion melys am eu tad-cu. Rydw i bellach wedi colli fy nau dad-cu ac yn hiraethu'n fawr amdanynt, ond hefyd yn cymryd cysur yn fy atgofion ohonynt. Bu farw Tad-cu Talar Wen (fel roeddwn i a'm brawd yn ei adnabod) wedi rhai blynyddoedd o anhwylder a llesgedd. Ond er mor fregus a gwan oedd ei gorff, roedd ei feddwl mor effro ag erioed hyd y diwedd. Byddwn yn ei gwmni yn aml, yn sgwrsio a thrafod popeth dan haul. Ni fyddai pall ar ei holi ynghylch hynt a helynt fy mywyd. Roedd yn arbennig o hoff o gerddoriaeth. Gwrandawai ar *jazz*, cerddoriaeth glasurol, cerddoriaeth werin ac emynau, wrth gwrs. Fe oedd yn chwarae'r piano yn y Dalar Wen adeg y Nadolig pan fyddem fel teulu yn dod ynghyd ar Ŵyl San Steffan; a phan ddeallodd Tad-cu fod Rhys, fy nghariad (fy ngŵr erbyn hyn), yn chwarae mewn band, roedd am gael gwrando ar eu cryno-ddisg ar unwaith, er i mi esbonio eu bod yn chwarae roc uchel! 'Dwi'n hoff iawn o bob math o gerddoriaeth,' dywedodd.

Wrth gwrs, roedd Tad-cu yn ffigwr cyhoeddus. Doedd dim dianc rhag hyn, oherwydd lle bynnag yr awn yn ei gwmni, byddai pobl yn ddiwahân yn dod draw i gael sgwrs neu i ysgwyd llaw ag ef. Ond ni chofiaf ef fel 'Gwynfor y gwleidydd' – ni allaf i ei gofio yn Aelod Seneddol, hyd yn oed! Cofiaf ef yn gwisgo lan adeg y Nadolig, a dau falŵn lawr ei frest a het am ei ben yn rhannu'r anrhegion Nadolig rhwng yr holl wyrion (nage, nid fel Siôn Corn, ond Anti Jini!); a chofiaf ef yn sgipio tu fas i'r tŷ ym Mhencarreg heb raff sgipio er mwyn cadw'n heini. Fe gofiaf hefyd linell o gerdd 'Y Gododdin' a ddysgodd i mi pan oeddwn yn 12 oed: 'Gwŷr a aeth Gatraeth oedd ffraeth eu llu', er mwyn fy nghyflwyno i'r gynghanedd ac i Aneirin! Credai fod darllen a bod yn ymwybodol o hanes ein gwlad yn bwysig – amlygir ei ddylanwad yn y ffaith fod bron pob un o'i wyrion wedi astudio Hanes a Chymraeg hyd Lefel A.

Roedd Tad-cu yn darllen llawer – iawn! Darllenai lyfrau hanes a gwleidyddiaeth gan mwyaf, fel y gallwch ddychmygu, ond darllenai farddoniaeth hefyd, ac fe'i hysgrifennai. Ni welwch mo'i farddoniaeth mewn unrhyw lyfrau, ond yn hytrach mewn cardiau pen-blwydd at aelodau o'i deulu. Dyma un o'i gerddi at un o'i wyresau ar ei phymthegfed pen-blwydd:

> Pe cawn fy newis o bob blodyn pert sy'n bod,
> Y rhosyn coch, neu las y llwyn neu bansi,
> O'r blodau prydferth oll a'm llonna is y rhod,
> Angharad fach yw'r floden gipia'm ffansi.

Dengys ei linellau ei fod yn feistr ar yr odl!

Fe wêl cenedl gyfan golled ar ei ôl. Bydd colled fawr ar ei ôl yn Sir Gâr. Ond ni fydd colled fwy na'r golled ar yr aelwyd. Y mae Nain, a fu'n gefn iddo am dros drigain mlynedd, yn gweld ei eisiau'n ofnadwy, ac felly ninnau i gyd, ei deulu. Fel y nodais ynghynt, cymerwn gysur yn yr atgofion ohono, ac yn y sicrwydd ei fod mewn cwmni llawer gwell.

COFIO '66

Menna Elfyn

Dim ond pymtheg mlwydd oed oeddwn i pan enillodd Gwynfor y sedd yng Nghaerfyrddin. Er i mi wneud ambell ddiwrnod o ganfasio yng nghwmni eraill, doedd gen i fawr o ddawn fel merch swil i wybod beth i'w ddweud wrth bobl ar riniog eu tai, ac roedd gen i lai fyth o allu i ddarbwyllo neb i bleidleisio dros y Blaid.

Ond rwy'n cofio'r dyddiau cyn yr etholiad yn dda iawn, a'r bwrlwm oedd yn yr awel ynghylch yr ymgyrch – hynny, a'r noson fythgofiadwy yn y Lyric yng Nghaerfyrddin pan oedd y lle dan ei sang a rhyw naws neilltuol yno. Yr unig beth a gofiaf am y diwrnod ei hun oedd cael fy hunan mewn bwth drwy'r dydd yn ysgol gynradd Peniel, yn marcio enwau pobl a ddeuai i bleidleisio ar restr. Eisteddai un o aelodau capel fy nhad yno hefyd. Roedd hi'n gymdoges i ni ac yn Rhyddfrydwraig ronc. Treuliodd y rhan fwyaf o'r dydd yn doethinebu ac yn diarhebu yn erbyn cenedlaetholwyr, a doedd gen i mo'r gallu i ddadlau â hi, felly tewi oedd orau. Dywedai nad oedd gobaith yn y byd i Blaid Cymru ennill, ac y byddai'n rheitiach i mi fod yn gwneud fy ngwaith cartref! Rhyw agweddau felly oedd gan rai at y Blaid bryd hynny.

48

Es adre yn reit ddigalon, a mynd i'r gwely wedi blino'n lân. Yna, canodd y ffôn a deffro pawb oedd yn y tŷ. Fel arfer, rhywun yn cysylltu i ddweud bod hwn neu hon wedi marw fyddai'r rheswm dros alw mor hwyr neu mor fore. Ond fy ffrind oedd yno, yn rhoi gwybod i mi fod Gwynfor wedi ennill, a chlywn fonllefau mawr o'r tu ôl iddi a hithau ar y sgwâr yn mwynhau'r dathlu.

Felly colli'r cyffro mawr a'r dathlu wnes i, ond ces fy hunan, er nad own i yn y dorf, yn teimlo elfen o fwynhad hefyd, o feddwl am wyneb y Rhyddfrydwraig ronc fu'n ddraenen yn fy ystlys wrth iddi hithau glywed y newyddion fore trannoeth. A doedd ganddi'r un gair i'w ddweud wrthyf yn y cwrdd y Sul canlynol.

I GWYNFOR EVANS

Dydd Gŵyl Ddewi, 2000, wedi darllen ei gyfrol Seiri Cenedl

Mair Eluned Davies

Cloddiaist greigle anial Cymru glaear
Gan chwennych golud ei gwythiennau cudd
A guddiwyd dro yn niogelwch daear
Rhag llid cynddaredd gelyn ffals dy ddydd.
Gwawd gan wŷr gwybodus oedd dy afiaith,
Tân siafins oedd y tân yn Mhenrhyn Llŷn,
Llwm oedd Cymru'n darfod gyda'i bratiaith
A'i thranc fel 'sgrifen eglur i bob dyn;
Ond dyst i wlad yn deffro, cefaist fyw
A'r iaith yn dod o'i chuddfan i'w hystad,
Cenhedlaeth newydd fentrus wrth y llyw
A'r tân yn goelcerth ar gopaon gwlad;
I'r gŵr o ruddin syber ein nawdd-sant
Talwn wrogaeth gwerin dros ein plant.

Y GARN GOCH, DYFFRYN CEIDRYCH

Guto Prys ap Gwynfor

Pam gosod y gofgolofn ar lethrau'r Garn Goch? Dyna'r cwestiwn sy'n cael ei holi'n aml i ni fel aelodau'r teulu. Yr ateb cyntaf, a'r pwysicaf, yw'r ffaith fod llwch Gwynfor, a fu farw ar 21 Ebrill 2005, wedi ei wasgaru ar y Garn Goch yn unol â'i ddymuniad. Mae ei weddillion daearol bellach yn rhan o'r dirwedd. Dymunodd Gwynfor wneud hyn gan fod y Garn yn golygu cymaint iddo – yr oedd yn ffynhonnell ysbrydoliaeth.

Wrth iddo gerdded y bryniau hyn, wrth iddo dramwyo'r Garn Goch, beth âi drwy ei feddwl? Beth a welai? Nid golygfeydd trawiadol o hardd yn unig, ond tirwedd a adroddai storïau lu, a siaradai ag ef. Y mae pob llannerch, bryn a phant yn sôn am ymdrech y Cymry ar hyd yr oesoedd i fyw fel cenedl wâr a chreadigol, ac i gyfrannu at fywyd Ewrop a'r byd. Roedd yn hoff iawn o ddyfynnu'r hanes am ymwelydd yn holi ei dywysydd tra oedd yn cerdded ar lethrau Trichrug, Ceredigion, 'Beth allwch godi mewn ardal lom fel hon?', a'r ateb a gafodd oedd 'Pobl'! Er nad yw Dyffryn Tywi yn ardal lom o bell ffordd, i Gwynfor, roedd yr ateb yr un mor berthnasol.

Mae safle'r Garn ei hunan yn mynd â ni 'nôl filoedd o

flynyddoedd hefyd, gyda charneddi'r Oes Efydd a chaerau'r Celtiaid. Ar gopa'r Garn Goch mae'r Gaer Fawr, y gellir ei chyrraedd o'r gofeb drwy gerdded drwy'r Gaer Fach; dwy gaer â muriau carreg. Y Gaer Fawr yw'r fwyaf o'i bath yng Nghymru; mae'n amlwg ei bod yn bwysig iawn yn ei dydd. Hi oedd prifddinas y Demetae (llwyth Celtaidd a roes ei enw ar Ddyfed), yn ôl rhai haneswyr. Wrth gwrs, ni ellir profi hynny. Yr oedd Dyffryn Tywi, yr afon a lifa islaw, yn boblog iawn bryd hynny. Safai caer arall ar Fanc Llwyn-du, ond muriau pridd oedd i honno. Ceir meini hirion yn yr ardal – Carreg-cyn-ffyrdd, Sythfaen Llwyn-du. I Gwynfor, roedd yr holl olion yma'n dangos pa mor hen oedd y genedl.

Daeth y Garn yn bwysig adeg terfysgoedd Beca hefyd. Ar y Garn y llosgwyd coelcerth i alw cefnogwyr Beca ynghyd i gyfarfod pwysig (un o'r rhai pwysicaf) a gynhaliwyd ar dir comin ger Cefn Coed yr Arllwyd, hen ffermdy a fu'n rhan o fferm Wernellin, lle bu Gwynfor a Rhiannon yn byw ac yn helpu i'w ffermio yn ystod y rhyfel. Saif Cefn Coed o fewn cwta filltir i'r Garn. Bu clwydi heolydd cyffiniau Llangadog yn dargedau cyson i Ferched Beca. Roedd nifer fawr ohonynt oherwydd y chwareli calch ar y Mynydd Du – diwydiant a ddaeth i ben yng nghanol sgandal twyll ariannol enfawr yn y 1930au.

Wrth edrych draw tuag at Flaenau Tywi, fe welir bryniau ardal Llanymddyfri, lle magwyd yr Hen Ficer, a lle bu'n gwasanaethu ei Arglwydd drwy bregethu ac ysgrifennu. Roedd ei gyfrol, *Cannwyll y Cymry*, yn gyfraniad gwerthfawr tuag at ddeffroad

crefyddol a diwylliannol y Cymry yn yr ail ganrif ar bymtheg
a'r ddeunawfed ganrif. Yn Llanfair-ar-y-bryn, Llanymddyfri, y
gorwedd gweddillion y Pêr Ganiedydd, Williams Pantycelyn,
a gyfoethogodd y deffroad hwnnw mewn modd mor soniarus.
Byddai Gwynfor yn aml yn canu ac yn chwibanu (roedd yn
chwibanwr da) tonau'r emynau hynny oedd wedi creu'r fath argraff
arno. Byddai hefyd yn chwarae'r piano (ond nid ar y Garn!).
Mawrygai'r ffaith fod y rhan hon o Sir Gâr wedi cynhyrchu'r fath
gyfoeth mewn emynwyr heblaw am Williams – Dafydd Jones o
Gaeo, Thomas Lewis o Dalyllychau, Morgan Rhys o Gil-y-cwm a
John Thomas o Fyddfai.

Wrth odre castell Llanymddyfri y crogwyd Llywelyn ap
Gruffydd Fychan o Gaeo gan frenin Lloegr, Harri IV, oherwydd
ei gefnogaeth i Owain Glyndŵr. Gwelir bryniau ardal Caeo a
Chrug-y-bar yn y pellter, a hwn oedd cantref annibynnol mwyaf
Cymru ar un adeg. O'r ardal hon y daeth yr arweiniad i'r adfywiad
Cymreig yn y ddeuddegfed ganrif, a dyma'r fro lle codwyd y cestyll
Cymreig, Carreg Cennen (y tu ôl i Drichrug), Dryslwyn a Dinefwr
(Llandeilo).

Nid nepell o Lanymddyfri, mae fferm Ystradwallter, a
ffarmiwyd gan hen-ewythr i Gwynfor yn y bedwaredd ganrif
ar bymtheg. Yn bwysicach na hynny yn ei olwg, ar dir y fferm
hon (bwthyn Abercrychan o bosib) y sefydlwyd un o academïau
cyntaf yr Anghydffurfwyr yn yr ail ganrif ar bymtheg gan Rhys
Prydderch, a ofalai am Eglwys yr Annibynwyr, Brycheiniog.

Symudodd yr Academi oddi yno i Bencader cyn ymsefydlu'n barhaol yng Nghaerfyrddin, a dod i gael ei adnabod fel y Presby.

I'r de o Lanymddyfri, mae plwyfi Myddfai a Llanddeusant, y ddau yn ffinio â Llangadog. Ym mhlwyf Llanddeusant mae Llyn y Fan Fach yn gorwedd yn nhawelwch y mynydd, ond Llwch Sawdde yw'r hen enw, a hoffai Gwynfor hwn yn fawr. Mae un o chwedlau hynaf Cymru yn gysylltiedig â'r llyn, sy'n sôn am y ferch o'r llyn a mab Blaensawdde. Yn ôl Rhys Dafis Williams o Lansadwrn (pentref sydd i'w weld o'r gofeb, gyferbyn â Llangadog), hanesydd lleol a chyfaill agos i Gwynfor, ceir atgof o'r gwrthdaro rhwng dau ddiwylliant, sef un yr Oes Efydd ac un yr Oes Haearn, yn y chwedl hon. Mae'n mynd â ni 'nôl ganrifoedd lawer cyn Crist. Pwysleisiai i Gwynfor pa mor hen yw'n hiaith a'n diwylliant ni yng Nghymru – trysorau a gymeroedd filoedd o flynyddoedd a channoedd o genedlaethau i ddatblygu. Ond gwyddai'n iawn o brofiad ei fagwraeth yn y Barri y gallai'r cyfan ddiflannu mewn un genhedlaeth. Yr oedd cysylltiad y chwedl â Meddygon Myddfai yn ei swyno, gan gofio bod y fro hon yn dal i gynhyrchu nifer o feddygon o'r safon uchaf. Ym Myddfai hefyd y magwyd yr emynydd John Thomas, awdur *Rhad Ras*, yr hunangofiant cyntaf yn yr iaith Gymraeg; clasur o gyfrol a ysgrifennwyd yn nhafodiaith rywiog Sir Gâr.

Ond nid oedd pob cyfraniad yn adeiladol. Newidiwyd enw Llannerch Bledri yn Glantywi (neu Glantowy i fod yn fanwl gywir) yn y ddeunawfed ganrif gan sgweiar digon diflas ei ffordd o fyw a'i agwedd at ei iaith a'i bobl ei hun. Yr oedd mor amhoblogaidd nes

iddo gael ei lofruddio mewn modd ysgeler. Hiraethodd neb ar ei
ôl, dim hyd yn oed ei wraig. Llwgrwobrwywyd deuddeg o ddynion
a bechgyn i gyflawni'r llofruddiaeth, a gwnawd hynny mewn
tŷ a safai wrth ymyl y Garn Goch, ond sydd bellach wedi llwyr
ddiflannu, o'r enw Glanareth. Daliwyd pob un ohonynt ond am y
trefnydd ac fe grogwyd chwech, dau ohonynt ar sgwâr Llangadog.
Yn 1770 y digwyddodd hynny, yng nghanol cyfnod y Diwygiad
Efengylaidd. Roedd y stori hon yn atgoffa ac yn rhybuddio
Gwynfor o ba mor isel roedd ei werin hoff Gymraeg yn gallu
disgyn.

Draw i'r gorllewin fe welwn Landeilo Fawr. Yno yr
ysgrifennwyd y cofnod Cymraeg cynharaf ar ymyl tudalen yn y
campwaith a adnabyddir fel Efengylau Teilo; dyma enghraifft o'r
modd gwaradwyddus y mae'r cryf trahaus yn cam-drin y rhai a
ormeswyd ganddynt. Cipiwyd yr Efengylau ar un o gyrchoedd
y Saeson yn erbyn y Cymry a'u cymryd i Loegr lle maent yn awr
yn cael eu harddangos fel y Lichfield Gospels. Yn Ninefwr yr
oedd prif lys Rhys Mwynfawr (neu'r Arglwydd Rhys), arwr arall i
Gwynfor. Ac wrth edrych ar draws y dyffryn fe welwn y cwm lle
mae Talyllychau ac olion ei abaty, a noddwyd gan Rhys, yn sefyll.
Yn ôl un traddodiad, dyma lle mae gweddillion daearol Dafydd
ap Gwilym yn gorwedd. Ychydig ymhellach lan Dyffryn Cothi
down at ardal Lewys Glyn Cothi, un o'n beirdd mwyaf, a heb fod
ymhell mae ardal un o gyfeillion pennaf Gwynfor, D. J. Williams,
Abergwaun, a'i hoff fro yn Rhydcymerau.

Tu hwnt i Landeilo, gallwn weld twr yn codi ar y gorwel. Dyma Dwr Paxton, a godwyd gan wr o'r enw hwnnw oedd yn byw yn Middleton Hall (lle mae'r Gerddi Botaneg yn awr). Fe'i cododd, meddai ef, i ddathlu buddugoliaeth Trafalgar; ond y mae'r bobl leol yn gwybod yn well! Bu Paxton yn ceisio ennill sedd i'r Senedd; yn ei ymgyrch addawodd godi pont dros afon Tywi. Methodd ei ymdrech, ac er mwyn dial yn sbeitlyd ar yr etholwyr fe gododd y twr. Gelwir ef ar lafar gwlad yn 'tower of spite'. Dyna rybudd arall i Gwynfor, y tro hwn o'r modd y gall gwleidyddiaeth ddisgyn i fod yn ddim ond cyfrwng i fodloni uchelgeisiau personol.

Yng Ngwynfe y sefydlwyd cangen gyntaf Plaid Cymru yn y 1940au, a daeth aelodau'r gangen honno yn arwyr i Gwynfor. Gwerinwyr diwylliedig oeddent, pobl wleidyddol effro oedd yn hoff iawn o dynnu coesau ei gilydd. Un o gymeriadau brith yr ardal oedd gweithiwr hewl gâi ei adnabod wrth yr enw barddol 'ap Pelagius', enw a ddangosai ymwybyddiaeth hanesyddol ddofn ac annibyniaeth barn. Comiwnydd oedd ap Pelagius, ac ysgogodd ei ddaliadau un o gymeriadau Gwynfe i lunio'r pennill hwn:

O cleddwch ap Pelagius
Naw troedfedd dan y baw,
A rhoddwch arno'n helaeth
O ffrwyth y gaib a'r rhaw;

A rhoddwch arno feini
A'r rheiny oll dan sêl,
Fel na bo'r diawl yn codi
I boeni'r oes a ddêl!

Roedd hiwmor fel hyn yn goglais Gwynfor yn fawr. Yn ogystal,
teithiodd nifer o genhadon o ardal Gwynfe yn y bedwaredd
ganrif ar bymtheg, i wledydd Affrica yn bennaf. Maged David
Williams yn Wernellin, daeth yn gyfaill i Mirambo yn Tanzania,
gelyn anghymodlon i'r imperialwyr Ewropeaidd, ond cyfaill i'r
crwtyn o blwyf Llangadog! Mae'r Malagasy, brodorion ynys fawr
Madagascar, yn ystyried David Griffiths o Lanmeilwch, Gwynfe,
yn un o sylfaenwyr eu cenedl oherwydd ei orchest yn gwneud eu
hiaith yn un ysgrifenedig. Bu William Griffiths yn y Congo yn
sefyll yn ddewr, ar ei ben ei hun, dros hawliau'r brodorion yn erbyn
y fasnach mewn caethweision – rhan o gyfraniad y genedl hon
wrth iddi gyflwyno'i gwerthoedd i'r byd. Hynny a welai Gwynfor.

O ben y Garn Goch, felly, fe welai Gwynfor ardal gyfoethog
a byw a gyfrannodd yn greadigol at fywyd Ewrop a'r byd yng
nghanol yr ymdrech i fyw ei bywyd cenedlaethol yn llawn. Nid y
prydferthwch gweladwy yn unig a'i hysbrydolodd, ond hanesion
y cwmwl tystion sydd i'w clywed gan y sawl a chanddo glustiau
i wrando. Saif y maen hwn fel cofnod ei fod yntau yn rhan o'r
cwmwl tystion hwnnw.

MEMORIES OF THE CARMARTHEN
BY-ELECTION 14 JULY 1966

Anthony Jenkins

In July 1966, 16,179 'Carmarthenshire hands', as the renowned novelist Islwyn Ffowc Elis famously dubbed them, made history as surely as the Paris mob which, on that day almost 200 years earlier, had burned the Bastille to the ground, and in so doing precipitated the French Revolution.

Those hands may have little realised that by electing Gwynfor Evans to the House of Commons as the first Member of Parliament representing Plaid Cymru, they had not only created news headlines around the world, including the front page of the *New York Times*, but had also launched a train of events which would lead eventually to the establishment of S4C, and later, the first elected National Assembly of Wales in six hundred years. Life in Wales would never be the same again.

My memories of those events are as clear to me now as if they had only happened yesterday. It was a time when it seemed that young people and students in particular were much more interested in political causes than they are today. The war in Vietnam was beginning to arouse strong emotions, as were apartheid in South Africa and nuclear disarmament. Civil rights in Northern Ireland were appearing on the agenda and two years later, in 1968, revolution – much of it student-inspired – would break out all over Europe, shaking the establishment to its very foundations.

These were issues which greatly concerned my friend Geraint Thomas, known then and now as the Prof, and me. We were students in the sixth form of Carmarthen Boys' Grammar School, and we decided that the time had come to nail our colours to the mast. We declared for Plaid Cymru and I wrote to Gwynfor Evans advising him of our interest in forming a Youth Branch of Plaid and inviting him to address its inaugural meeting. I never knew him to refuse an invitation but, on this occasion, clearly not quite knowing what to make of our missive, he sent his son Dafydd and Islwyn Ffowc Elis. We met in the decaying old Plaid offices in Bridge Street, Carmarthen, on 23 March 1965. Present were Siân Edwards and Maggie Morgans, the Prof and I, Richard Huws, Jeffrey Thomas and Clive Rogers. The Prof was elected Chairman of the Branch and I its General Secretary. I firmly believe that on that night were sown the seeds of electoral success fifteen months later. Gwynfor himself was always the first to recognise that without his young supporters in Carmarthen, the result of the 1966 by-election might have been different.

A couple of months later, Gwynfor agreed to address the next meeting of the branch, and thus I came to know the greatest

Welshman of our times. It was an extraordinary event. Word had got around, and over 200 students and young people turned up for a meeting which I hurriedly had to reconvene to St Peter's Civic Hall. The Plaid offices were hopelessly inadequate. He spoke to us for two hours in that quiet, intellectual manner of his about the history of Wales, about what it meant to him to be Welsh and about his love for our language and culture.

Of course, the reasons for his stunning by-election victory were many and complex. They may have included dissatisfaction within the Labour Party at the new candidate from outside the constituency, tactical voting on the part of voters from the other parties in an effort to achieve a Labour defeat, and even a genuine swing to the policies of Plaid Cymru.

Above all else, however, there was a widespread belief across the political divide that in Gwynfor Evans, Plaid Cymru had a candidate of quiet and impressive dignity and stature who would bring to the office of Member for Carmarthen those statesmanlike qualities possessed by former holders of the office such as Lady Megan Lloyd George and Sir Rhys Hopkin Morris.

I never did meet anyone who did not have the highest regard for Gwynfor as a man. As a Christian, he respected the worth of all men and women, whatever their religious beliefs. As a lawyer, he recognised that we all enjoy rights, liberties and responsibilities and, as an internationalist, he valued all cultures, foreseeing a day when Wales would take its rightful place in the United Nations.

There is little doubt that he inspired us all, and for the next year we threw our efforts into a passionate campaign on behalf of Gwynfor Evans and Plaid Cymru. Whether it was organising a *twmpath dawns* to raise funds or selling literature and canvassing outside the old market gates, we brought a vigour and inventiveness to politics hitherto unknown in Carmarthen. Gwynfor was always there to encourage us and to attempt to curb our excesses when they threatened to get out of hand.

The result of the 1966 General Election in March of that year was a disappointment. We felt that our efforts deserved better, and although the vote for Gwynfor improved significantly, there was still an enormous Labour majority. However, Labour had committed a serious error of judgement in reselecting Lady Megan as its candidate. She was seriously ill, and within a few weeks had passed away. The date of the by-election was announced. The time had come for Gwynfor and for us.

I was elected to the by-election Executive. It was chaired by Dr Eurfyl Jones and comprised, amongst others, Cyril Jones, Gwynfor's tireless election agent, the irrepressible Dr Gareth Evans, Islwyn Ffowc Elis and Gwynfor himself. For a 16 year old student, it was an education that no amount of money could have bought. By the time voting day arrived, I believe that we had electrified the political atmosphere in the constituency. Gwynfor retained his trademark self-possessed exterior, whereas we, with the enthusiasm of youth, had made certain that the political temperature had risen to boiling point.

During that time I spent many hours in Gwynfor's company, travelling the length and breadth of the constituency and visiting places I never knew existed. Nor did I realise that Carmarthenshire was so varied and so beautiful. He used to tell me that he could never get lost in his beloved Sir Gâr, and sure enough we usually got to the right place, almost always nearly on time! Naturally, we talked about politics. However, Gwynfor was essentially a shy man and our conversations tended to be limited. There was also a sense of a language barrier, for I had been brought up in an English-speaking household. And there was a significant age difference between us as well. It was only much later that I learned that we shared a passion for cricket. How I would have enjoyed discussing the sport with him. I look back on those days with a sense of pride and astonishment that I lived through, and participated in, an extraordinary episode in our country's political history.

One of my most vivid memories is of meeting Winnie Ewing, the leader of the Scottish National Party. She gave me her SNP badge, which I continue to wear with pride to this day. Only a few months later she won the Hamilton by-election, forever thereafter maintaining that it was Gwynfor's victory that paved the way for her own electoral success.

There were many others who influenced me, not least Dr John Herbert, a fine GP in the Furnace House Surgery in Carmarthen. He was a staunch Liberal of the old school, but I will never forget his kindness to me on the night of the poll. As a member of the Plaid Executive, I was invited to the count in Carmarthen's Guildhall. I arrived unprepared for such a long night. John, however, had seen it all before, and he was not above sharing his sandwiches and a flask of tea with me.

Of course, the most important event of the entire campaign for me was the morning I met my beautiful future wife, Siân. We were both sealing electoral address envelopes, seated across the table from each other in the Bridge Street offices. Our eyes met, and for me it was love at first sight. She was the daughter of Les Rees, a remarkable political activist. He was a leading figure in the early days of the campaign for Welsh-medium education in Carmarthen. He was also a rarity – a Plaid Cymru trades union official who was the full time General Secretary of the South Wales area of ASLEF, the train drivers' union.

Siân and I returned to Carmarthen in 1975 to get married. Siân pursued a career in teaching, and I took up a position as a solicitor with a leading law firm in the town. Little did we think that fifty years later, our daughter, Nia Wyn, would be living and working in Edinburgh and would have an opportunity to vote for Scottish independence in the referendum.

I returned home firmly convinced that a career in politics lay ahead. It was, after all, one of the reasons why I had decided to follow Gwynfor into the law. However, it was not to be. Whether it was because I became thoroughly involved in my career, pursuing and championing local causes, or perhaps it was just that the call just never came. I have no regrets. The pinnacle of my political career to date was when I became a member of Carmarthen Town Council and subsequently, mayor of the town.

Although I regret that my relationship with Gwynfor was limited to those few student years, I will forever cherish his legacy. He taught us young people to value the inheritance handed down to us, and to strive to fulfill our potential as Welsh men and women.

On the morning of 15 July 1966, as the result of Gwynfor's stunning victory was announced from the balcony of Carmarthen's Guildhall, and as the first light of dawn began to streak the early-morning sky, I kept thinking of the lines written by William Wordsworth 200 years earlier at the time of The French Revolution:

'Bliss was in that dawn to be alive
But to be young was very heaven.'

COFIO TAD-CU

Cyhoeddiad Plaid Cymru, Hydref 2002, fel rhan o ddathliadau pen-blwydd Gwynfor yn 90

Mabon ap Gwynfor

Mae Tad-cu, fel y gŵyr pawb, yn hanesydd heb ei ail. Mae ei gariad at hanes, traddodiadau a phobl Cymru yn angerddol. Dros y blynyddoedd, mae pobl wedi cael pleser o wrando arno'n traddodi am rinweddau a ffaeleddau ei genedl, a'r angerd yn amlwg ynddo – yr wyf fi a'r wyrion eraill, fodd bynnag, wedi cael y fraint o gael eistedd ar ei lin ac yntau'n adrodd hanesion a chwedlau Cymru i ni, yn ein swyno a'n hysbrydoli.

Rwy'n cofio cerdded gyda Tad-cu yn Nyffryn Tywi ac ar lethrau Mynydd Pencarreg pan oeddwn yn ifanc. Byddai'r daith bob amser yn hwyliog wrth iddo adrodd rhyw hen chwedl am yr ardal, neu sôn am gampau'r Arglwydd Rhys ac eraill. Doedd dim un filltir sgwâr yr ymwelwn â hi yn ei gwmni na wyddai am ei hanes – ac roedd pob man, yn ei thro, wedi chwarae rhan bwysig yn hanes cenedl y Cymry!

Datblygais ddiddordeb mawr yn Iwerddon, ac rwy'n cofio i mi sôn wrtho am y diddordeb hwn. Cyn pen dim, roedd wedi casglu ynghyd ddwsin o lyfrau am Iwerddon a'i hanes cythryblus i mi eu darllen, gan ymddiheuro nad oedd yn cofio lle'r oedd y gweddill! Wrth i mi brifio, fe droes yr adrodd yn drafodaeth, ac yntau yn ei ffordd ddihafal ei hun yn ceisio dysgu i ni'r grefft o drafod heb golli tymer – rwyf bellach yn argyhoeddedig mai dau feidrolyn a feistrolodd y grefft hon erioed, sef Mahatma Gandhi a Tad-cu. Doedd ganddo fyth air drwg i'w ddweud am neb. Byddai ambell berson yn annymunol, ond gwelai Tad-cu rinwedd ym mhob unigolyn.

Bellach, rwy'n cael y fraint o eistedd yn ei gwmni a gwrando arno'n adrodd straeon am ei flynyddocdd yn brwydro dros Gymru – ei deithiau tramor pan fyddai'n cael ei drin fel arweinydd cenedl yn America; ei gyfnod fel byddin un-dyn ar feinciau San Steffan, a thoreth o rai eraill. Mae'n dal i fod yn chwim ei feddwl ac yn effro i holl ddigwyddiadau ein cenedl a'r byd, ac yn gofyn cwestiynau ac yn dangos diddordeb byw ym mhob peth o hyd.

Mae Tad-cu wedi cael y pleser o weld peth o ffrwyth ei lafur gyda sefydlu Cynulliad Cenedlaethol Cymru ym Mae Caerdydd, ond nid yw'r frwydr ar ben. Bydd ei frwydr yn parhau hyd nes y caiff Cymru ei chydnabod yn genedl gydradd â chenhedloedd eraill y byd, a chael statws cenedl lawn. Y cam nesaf yw bod yn gydradd â chenedl yr Alban, ac mae Tad-cu yn awyddus i chwarae ei ran yn yr ymgyrch. Mi fyddaf i a gweddill yr wyrion yno gydag ef!

I GWYNFOR

(*Wrth edrych i lawr ar Ddyffryn Tywi
o'r Garn Goch*)

Gro mân y geiriau meinion a gludir
    O'n gwlad gan yr afon;
  Mae i rai o'r Gymru hon
  Ddaeareg egwyddorion.

Hywel Griffiths

Rhyw air byr o fro'r Barri – i'ch cyfarch,
    Cofio eich gwrhydri;
  Bywyd ac iechyd ichwi
  I ledio'n uwch ein gwlad ni.

J. M. Edwards

Gŵr annwyl, gwiw arweinydd, – ei fawredd
   Glodforwn o'r newydd;
   Ni phaid ei egni a'i ffydd
   Na'i boen dros Gymru beunydd.

J. R. Jones

Gŵr hynaws a gwerinol, un a roes
   Ei rin ddigamsyniol
   I hybu gwlad ei bobol
   A'u hanwesu'n gu'n ei gôl.

Gwen Jones

Hyd angau pe dôi angen – y brwydrai
   Heb rodres yn llawen;
   Ein harwr megis derwen –
   Deil i roi o'i dalar wen.

J. Brynmor Jones

ATGOFION Y PLANT

Alcwyn, Dafydd, Meleri, Guto, Meinir, Branwen a Rhys

Roedd e'n hynod hoff o chwerthin. Mae rhai o'n hatgofion cliriaf ohono yn ei weld yn chwerthin yn egnïol a hapus. Roedd yn hoff o raglen radio o'r enw *My Word!* gyda Denis Norden a Frank Muir – chwarddai'n harti iawn wrth wrando ar honna. Enghraifft arall o'i hoffter o gomedi oedd record ddoniol a ryddhawyd gan Peter Sellers, yn enwedig yr araith 'wleidyddol' arni am 'Balham, Gateway to the South' a nifer o rai eraill. Byddai'n hoff o adrodd rhai o'r jôcs a glywai pan oedd yn blentyn, er bod rhai ohonynt yn eithaf gwan a dweud y gwir. Dyma enghraifft: 'Beth yw'r tebygrwydd rhwng ci a neidr?' 'Mae gan y ddau goesau, heblaw am y neidr!' Byddai hiwmor Flanders & Swann yn ei oglais yn fawr, ac felly hefyd lyfrau P. G. Wodehouse. Ystyriai Charles Williams, y comedïwr o Fôn, yn athrylith yn ei faes. Byddai'n chwerthin ar ei ben ei hun yn aml. Roedd yn llawn hiwmor, ac yn gwisgo lan fel menyw – Anti Jini – i'n difyrru ni'r plant.

Gwelai ddoniolwch lle nad oedd yn fwriadol. Aeth i'r opera un tro (nid oedd yn ffan) gyda Rhiannon i weld *Tristan und Isolde* gan Wagner. Yr oedd y wraig a gymerai ran Esyllt (Isolde) yn ganol oed ac yn fawr o gorff. Ni allai Gwynfor ond gweld hyn yn hynod ddoniol, oherwydd iddo ef, merch ifanc, ddeniadol oedd Esyllt i fod. Dechreuodd chwerthin yn dawel gan geisio'i reoli ei hun, ond ymhen ychydig amser, methodd y rheolaeth yn llwyr, a bu'n rhaid iddo ymadael er mwyn cael chwerthin yn afreolus. Ni ddychwelodd.

Nid oedd culni yn perthyn iddo. Er ei fod e'n ddirwestwr cadarn, byddai'n barod i brynu diod i bobl eraill, fel Eirwyn Pontsiân pan ddeuai ar ei dro. Datganodd Alun Ysgubor-wen un tro ei bod yn werth mynd i ganfasio gyda Gwynfor, am ei fod yn trosglwyddo pob whisgi a dderbyniai iddo fe! Ar ddydd Sul cyntaf Eisteddfod Hwlffordd 1972 fe arestiwyd Rhys, oedd yn 17 oed ar y pryd, a'i gyhuddo o ddwyn gwydr peint o dafarn yn y dre. Bu'n rhaid iddo fynychu llys yn Abergwaun. Cyrhaeddodd y stori'r papurau newydd (un o elynion Gwynfor oedd yn gyfrifol am eu hysbysu). Wedi iddo ddychwelyd adref, dyma Gwynfor yn cael sgwrs â Rhys – dim cerydd, dim sôn am y cyhuddiad o ddwyn, dim sôn am yfed dan oed, ond mynegi siom ei fod yn yfed ar y Sul!

Nid oedd gennym deledu ar yr aelwyd yn y Dalar Wen hyd 1963, ychydig fisoedd wedi sefydlu'r cwmni aflwyddiannus Teledu Cymru ym mis Medi 1962. Yr unig reswm dros gael y teledu oedd er mwyn cefnogi Teledu Cymru! Ni fyddai bron byth yn gwylio'r teledu – pan oedd e gartre, fe dreuliai'r nosweithiau hyd oriau mân y bore yn y stydi yn ysgrifennu a darllen. Yr oedd tap, tap, tap y teipiadur yn sŵn cefndir cyfarwydd iawn i ni'r plant.

Ystyriai hi'n rhan bwysig o'i waith i gysylltu ag aelodau a chefnogwyr y Blaid i ddiolch am eu cyfraniadau, ac i'w calonogi. Roedd hynny'n ddyletswydd arbennig o bwysig yn dilyn siomiant etholiadol, er enghraifft, gan annog pobl i beidio ag anobeithio. Cytunai â'r Apostol Paul pan ddywed hwnnw fod gobaith yn un o rinweddau sylfaenol bywyd. Ar un o'r adegau prin pan oedd yn gwylio'r teledu, fe welodd raglen lle yr holwyd yr athronydd Bertrand Russell. Gofynnodd yr holwr i Russell, 'Do you sometimes lose hope?' Atebodd hwnnw: 'Never! To hope is an act of will, and I am determined to hope.' Gwaeddodd Gwynfor, 'Ardderchog! Ateb ardderchog!'

Byddai'n barod iawn i helpu yn y gegin, nid oherwydd ei fod yn gogydd da, ond er mwyn golchi'r llestri a chyfrannu drwy dorri'r bara a cherfio'r cig. Yr oedd yn dorrwr bara penigamp – llwyddai'n ddi-ffael i gael tafelli tenau. Un tro, bu criw o ieuenctid y Blaid yn canfasio trwy dde Cymru am wythnos gyfan, o Gaerdydd i Aberystwyth. Un o'r criw oedd Dafydd Iwan. Arhoswyd am de yn y Dalar Wen ar un o'r diwrnodau, ac fe aeth Gwynfor ati i baratoi brechdanau i'r criw. Yn ei syndod, gofynnodd Dafydd Iwan, 'Ym mha blaid arall fyddech chi'n cael llywydd y blaid yn gwneud brechdanau i griw o bobl ifanc?'!

Roedd Gwynfor yn arbennig o hoff o gerddoriaeth, ac roedd ystod ei chwaeth gerddorol yn eang iawn. Hoffai weithiau'r meistri clasurol, emyn-donau, caneuon ysgafn (yn arbennig y Diliau) a hyd yn oed *jazz*. Un o'i ffyrdd o ymlacio oedd canu'r piano. Caneuon a ddysgodd pan oedd yn blentyn fyddai ei *repertoire* – 'Molly Malone', 'Swanee River' a'u tebyg, ac fe fyddai'n cyfeilio yn y cwrdd yng nghapel Providence, Llangadog, yn aml, pan nad oedd organydd yn bresennol. Pan fyddai'r teulu'n mynd ar daith yn y car, byddai'n arwain nifer o ganeuon, fel 'Ar y bryn roedd pren', 'Oes gafr eto?', 'Yr asyn a fu farw', 'Y mochyn du' ac yn y blaen. Fe'i magwyd ar aelwyd gerddorol – cafodd ei dad Dan Evans wahoddiad i fod yn ganwr proffesiynol, ac roedd ei frawd Alcwyn yn organydd ardderchog.

Byddai cerddoriaeth dda yn tynnu dagrau i'w lygaid. Profiad emosiynol iddo oedd cael gwrando ar y Cadogan Phillarmonic Society (neu Gôr Gravelle) yn canu'r oratorio flynyddol yng nghapel Providence. Roedd Rhiannon a rhai o'r plant yn y côr – yn wir, Rhiannon oedd ysgrifenyddes y côr am flynyddoedd. Rhyfeddai Gwynfor at y ffaith mai gwerinwyr di-ddysg oedd mwyafrif llethol yr aelodau, yn wcision fferm, gweithwyr ffatri ac yn y blaen, cynnyrch y diwylliant Anghydffurfiol Cymraeg. Yr oedd nifer o aelodau'r côr yn gweithio yn y Tai Gerddi, ac yn aml pan fyddai cwsmeriaid yn cyrraedd y *packing shed*, lle didolid y tomatos a'u graddio, fe fyddai sain hyfryd canu emynau mewn pedwar llais yn eu cyfarfod – Gwynfor fyddai'r bas.

Roedd yn werthfawrogol o bob ymdrech. Hoffai'r diwylliant Anghydffurfiol Cymraeg yn fawr iawn, oherwydd ei bwyslais ar y meddwl. Buom mewn sawl cyngerdd a noson lawen yn ei gwmni lle nad oedd y cyfranwyr yn cyrraedd yr entrychion (o bell ffordd) gyda'u heitemau. Ond byddai ef yn mynnu diolch yn werthfawrogol

iddynt am eu hymdrechion, a gwnâi'r un modd yn y capel. Traddodwyd sawl pregeth ddisylwedd – ond gwerthfawrogiad a geid ganddo ef, yn arbennig felly i fyfyrwyr a fwriadai fynd i'r weinidogaeth.

Un o'i arwyr oedd Sal, ac un o'n harwyr ninnau – gwraig gwbl ddi-ddysg. Mynnodd ein bod yn gwrando ar ei hiaith goeth, werinol. Treuliom lawer awr yn ei chwmni yn Wernellyn. Codais nifer o ymadroddion a geirfa dafodieithol ganddi; ac yn aml, byddai'n dyfynnu adnodau cyfan o'r Beibl i wneud rhyw bwynt: 'Gŵr dauddyblyg ei feddwl, anwastad yw yn ei holl ffyrdd.' Cynnyrch y diwylliant Anghydffurfiol Cymraeg oedd hon. Dywedodd Gwynfor droeon y byddai'n berson digyfraniad pe byddai'n byw mewn cymuned lle'r oedd y diwylliant hwnnw wedi diflannu. Roedd e'n dwlu ar staff y Tai Gerddi: Bertie, Nel, Maggie, Megan, John, Emrys, Will, Phil, Val, Hefina a Dilys.

Roedd e'n ddarllenydd eang er pan oedd yn ifanc, a chadwai ei holl lyfrau. Oherwydd hyn, roedd y tŷ yn llawn dop o lyfrau. Gwnâi nodiadau o'r hyn a ddarllenai, ac er rhwystredigaeth i nifer, marciai'r llyfrau wrth eu darllen drwy danlinellu'r adrannau a ddaliai ei sylw, ac ysgrifennu nodiadau ar ymyl y ddalen. Hoffai farddoniaeth, ond barddoniaeth delynegol fel canu Ceiriog. Ble bynnag yr âi, fe alwai yn y siop lyfrau leol a phrynu llyfr Cymraeg er mwyn cefnogi. Roedd yn barod iawn i roi benthyg llyfrau i bobl, a diflannodd nifer o'i gyfrolau gorau o'r herwydd! O tua 1970 ymlaen, cyfyngodd ei ddarllen i lyfrau hanes a diwinyddiaeth. Rhoddai lyfrau'n anrhegion Nadolig a phen-blwydd i'r plant – ar ôl eu darllen yn gyntaf.

Ar ennyd wan, byddai Gwynfor yn barddoni! Ceid campweithiau barddonol mewn cardiau pen-blwydd yn aml, gan gynnwys hwn i Guto yn 1996:

> Dyma ben-blwydd arall eto,
> Dyna lwcus yw ein Guto.
> Pen-blwydd hapus iawn diguro!
> Ac mae Mami'n dwedyd 'Ditto'.

Alcwyn oedd y cyntaf i fadael â'r aelwyd (wrth reswm; fe yw'r hynaf), a bu mewn gwahanol ddinasoedd yn Lloegr yn bwrw'i brentisiaeth. Derbyniodd lythyr pan oedd yn Llundain a bwysleisiai'r pwysigrwydd o fynd i'r cwrdd ar y Sul, ac enwau nifer o bregethwyr y dylai Alcwyn fynd i wrando arnynt ynghlwm. Pan symudodd Alcwyn i Gaergrawnt am gyfnod yn 1960, cyngor Gwynfor oedd: 'Bydd cyfle i awyrgylch a diwylliant Caergrawnt gyfoethogi dy fywyd. Yno y cafodd John Penry ei argyhoeddi; yno mae cartref meddyliol Piwritaniaeth; yno bu'r Esgob Morgan, cyfieithydd y Beibl ac Edmwnd Prys, y bardd a'r ysgolhaig. Wrth gwrs, nid ffilmiau a'r *juke-box* oedd eu maeth meddyliol ac ysbrydol tra y buont yno, a rhaid inni oll wrth bethau dyfnach a mwy sylweddol na hynny.'

Pan oeddem ni'n chwilio drwy ei bapurau ryw flwyddyn cyn i Mam farw, fe gafwyd hyd i amlen wedi ei chyfeirio at Miss Rhiannon Thomas, Caerdydd. Uniaith Gymraeg. Fe'i postiwyd yn

1940. Roedd yr amlen yn wag. Holwyd Mam pam roedd hi wedi cadw amlen wag am yn agos i 65 mlynedd. Atebodd taw yn yr amlen honno y daeth cerdd iddi gan 'nhad. Yr oedd y gerdd ar ei chof:

> Rhiannon yw enw f'anwylyd,
> Yr enw prydferthaf erioed;
> Mae ynddo ryw swyn a chadernid,
> Fel afon yn llifo drwy'r coed.
> Mae hithau, f'anwylyd, fel coeden
> Osgeiddig, mor lluniaidd ei llun;
> A pharabl nant ar y graean
> Yw sŵn y Gymraeg ar ei min.

Roedd yn hollol anwyddonol o ran ei natur; yr oedd gwyddoniaeth yn ddirgelwch iddo. Nid oedd ganddo'r syniad lleiaf am y modd y mae injan car yn gweithio. Er hynny, roedd yn rhyfeddu at ddarganfyddiadau gwyddonol er enghraifft, y modd y gallai nodwydd ryddhau cerddoriaeth o ddarn o blastig du!

Fel Cristion o argyhoeddiad dwfn, derbyniai fod yna ddirgelwch mawr mewn bywyd, a bod pethau'n digwydd na ellid mo'u hesbonio'n wyddonol. Credai fod gallu gan George M. Ll. Davies i ddarllen meddyliau pobl. Adroddai'n aml yr hanes am George M. Ll. pan fu'n aros yn Wernellyn gyda chyfeillion eraill. Aeth George mas o'r ystafell a phenderfynodd y lleill ganolbwyntio'u meddyliau ar un adnod yn unig; nid oeddent i yngan yr un gair. Dychwelodd George i'r ystafell a chyfeirio at yr adnod honno.

Credai Gwynfor yn ddwfn yn yr hyn sy'n *iawn*. Dirmygai wleidyddion â'u dadleuon gorymarferol a gorwleidyddol os nad oeddent yn gofyn, 'A yw hyn yn *iawn*?' Roedd yn barod i gefnogi a bod yn rhan o ymgyrchoedd da oedd yn brwydro dros yr hyn sydd iawn. Cefnogai bob mudiad a hyrwyddai'r iaith a'r diwylliant Cymreig; pob mudiad heddwch hefyd, fel Cymdeithas y Cymod, CAAT a CND. Cefnogai'r mudiad gwrth-apartheid, a hawliau cenhedloedd bychain o bob lliw a llun i ryddid. Roedd yn wrth-imperialydd wrth reddf. Cefnogai hawl Israel i'w gwladwriaeth, a hawl y Palestiniaid i'w gwladwriaeth hwythau. Roedd y cylchgronau a ddôi oddi wrth y gwahanol fudiadau i'r tŷ yn ddirifedi.

Byddai pobl o bedwar ban byd yn dod i'r Dalar Wen yn rheolaidd. Estynnai Gwynfor wahoddiad i fyfyrwyr yn Abertawe i ddod i gynnal digwyddiad cymdeithasol pan fyddai pob un yn cyflwyno cân neu eitem a nodweddai eu diwylliant. Roedd hyn yn fonansa i'r rheini ohonon ni oedd yn casglu stampiau ac arian o'r gwahanol wledydd! Daeth pobl o'r Almaen, Ffrainc, UDA ac Israel i aros dan nawdd y Ffermwyr Ifanc.

Fe gawson ni'r plant ein magu gan wybod eu bod ill dau yn ein caru, a'u bod yn caru ei gilydd yn fawr. Roedd y consarn a'r tynerwch a ddangoswyd ganddynt yn ystod y blynyddoedd olaf yn rhyfeddol, a'u llawenydd o'n gweld ni'n galw yn ein tro yn amlwg. Cyflwynwyd yr un cariad at yr wyrion ac yr oeddent hwythau'n dwlu ar Gwynfor. I'w plant hwy y cyflwynir y gyfrol hon.

MAEN HIR

Er cof am Gwynfor Evans

Gwyneth Lewis

Ar fryn saif un o'm meini prawf
yn unig a chennog.

Mae'n briod â'r golau ac mae ei wisg
yn llaes, fel cysgodion.

Mae hwn yn un o bileri'r byd,
yn cynnal cylchoedd cerrig y sêr

ar echel amser. Yn ddall
– er yn amlwg – mae'n darlledu gair

yn ronynnau a thonnau,
yng nghlymau DNA

moesoldeb. Ac yn clywed cri
o dywyllwch tywodfaen, ymateb o bell

fel mwyeilch yn bloeddio ganol nos,
mwyeilch yn hedfan ganol dydd.

COLOFN OLYGYDDOL *Y TYST*

Buddugoliaeth Mr Gwynfor Evans, 21 Gorffennaf 1966

Dr E. Lewis Evans

Wedi canrifoedd o frwydro a siom, a chael arwyddion weithiau fod Cymru, wedi hepian hir, yn gwneuthur o'r diwedd fwy nag ymystwyrian, wele rybudd mewn llythrennau tanllyd fod dydd torri'r cadwyni oesol wedi dyfod. Buddugoliaeth Mr Gwynfor Evans ydyw'r arwydd cliriaf hyd yn hyn fod cyfaredd brad y Ddeddf Uno (1536) bellach dan farn.

Er bod gennym nifer dda o aelodau seneddol na chaed erioed eu rhagorach, a'u bod yn Gymry hyd fêr eu hesgyrn, bu'n gyfyng arnynt o'r ddeutu. A hwythau'n werinwyr o argyhoeddiad, ni welent obaith am ddadlau achos y miloedd dioddefus ond o dan faner y Blaid Lafur. Wedyn, gan fod Lloegr ei hun mor doriaidd ac ymerodrol ei hysbryd, ni welid bod modd cael briwsionyn oddi ar fwrdd ein harglwyddi yn San Steffan heb gymorth y bleidlais lafurol, Gymreig. Ymhellach, megis yr aberthwyd sir Gaerfyrddin dros ddeugain mlynedd yn ôl i gael sedd i'r estron Syr Alfred Mond, felly y bu'n rhaid i bob plaid droi i Gymru am seddau i'w duwiau, gan fwrw lles ein cenedl ni i'r pedwar gwynt, a gwireddu'r gair fod: 'Lloegr yn well o'n llygru ni.'

Nid oes raid i Mr Gwynfor Evans wrth lythyr cyflwyniad oblegid, trwy rym ei athrylith a'i foneddigeiddrwydd, fe'i profodd ei hun o'i ysgwyddau'n uwch na neb o'i wrthwynebwyr ar y Cyngor Sir, gan sicrhau iddo'i hun le yn y rheng flaenaf o arweinwyr ein cenedl, a cherfio'i enw ymhlith y gloywaf o'n meibion. Ar wahân i'w fedr ar y llwyfan gwleidyddol, ymladdodd yn lew dros achos Cymru ar Gyngor Sir Gaerfyrddin ac nid oes dim yn dristach na'r stori honno am y modd y ceisiodd rhywrai ei rwystro ar bob llaw, nid oherwydd gelyniaeth at yr iaith Gymraeg, eithr teimlo ohonynt fel disgyblion Ioan gynt y dylid diarddel ci waith 'am nad oedd yn canlyn gyda ni'. Y mae a fynno hyn lawer â'i fuddugoliaeth syfrdanol. Eithr, o'r tu ôl i'r cyfan y mae diacon sy'n addurn i'r swydd; athro ffyddlon yn yr ysgol Sul; teulu sydd yn y capel bob amser ar fore dydd yr Arglwydd, a gwynfyd deufyd ar aelwyd Talar Wen, Llangadog. Ymhellach, gŵr y mae gan ei weithwyr barch addolgar iddo.

Fel y dywedasom hyd at syrffed, yr ydym fel gwlad yng nghanol argyfwng gwaetha'i ryw, er nad yw hwnnw'n gwbl amlwg eto. Dylai'r dallaf o blant dynion weld mai un wedd ar yr afiechyd ydyw 'gorchwydd' ein harian. *Inflation* ydyw gair benthyg y Sais amdano. Gwyddai Cicero'n dda am y dolur hwn gan mlynedd cyn Crist, a bu'n rhaid i bob Lladinwr bach ymladd â'r gair o'r pryd hwnnw hyd yn awr.

Wrth ddiolch am yr ychydig foethau a ddaeth i'n rhan, rhagor ein tadau, gwae nyni oni sylweddolwn mai rhitholygfa ydyw'r cyfan, a bod dydd o brysur bwyso ar y ffordd. Gwaetha'r modd, ni fynnwn ddarllen arwyddion yr amserau, er eu dyfod yn gawod i'n cartrefi. Hon yw'r sefyllfa:

Helô! Helô! o droi bŵl bach,
Daw Terfysgoedd y Ddaear i fythynnod gwlad,
A chenlli gofidiau'r byd i ddiddanwch yr aelwyd.

I ni a fagwyd yn sir Gaerfyrddin, nid nodau llwyddiant sydd ar yr hen rodfeydd ond murddunod fesul ugeiniau. Deil arwyddion malltod i ddringo i'r cymydau, ac er bod glesni'r pîn yn rhagori llawer ar wylltineb y llethrau rhedynog, derfydd chwerthin plant ar lawntiau'r ysgolion gwledig, ac ni chlywir sŵn eu chwarae ar adenydd y gwynt. Diflanna 'iaith bereiddia'r ddaear hon' oddi ar wefusau'r llanciau a'r gwyryfon, ac 'ys tywyll yw' ffenestr llawer cysegr, lle bu golau gynt, canys darfu'r gymdeithas. Ofer yw sôn am ddiwydiannau newydd heb ffordd tuag atynt. Ni all tegwch bryniau Myrddin ddenu ymwelwyr oblegid caewyd y rheilffyrdd, ac nid oes namyn lonydd troellog a chul lle dylai priffyrdd fod. Aeth cannoedd o'r hen lwybrau yn eiddo i ddrain a mieri, a llawer 'gweirglodd ffrwythlon, ir' yn gyfle corsennau a brwyn. Ar ben y cyfan, daw estroniaid â'u llinynnau mesur i gerdded ein dyffrynnoedd, gan gynnig claddu treftadaeth ein hynafiaid o dan y don. Os cânt eu ffordd, ni welir 'Ond dŵr a'i dwrdd yn taro / Ar y graig, â'i su drwy'r gro'.

O gam i gam, nid hwyrach yr enillwn ein lle o fod ynghlwm wrth ffedog ein llysfam, i gael bod â rhan ymhlith cenhedloedd gwâr y byd, ac nid aros yn daeogion am byth. Dyma un cam bras, a gobeithiwn y bydd i hyn roi tân yng nghalonnau'r Cymry gwlatgar sydd yn y senedd eisoes. Yn achos Cymru, ni ddylai na theyrngarwch i blaid, nac i unrhyw unben arall, rwystro neb o'i phlant rhag dangos ei liw. Rhagorfraint y gwir Gymro yw bod yn rhydd, er i'r holl fyd fod yn ei erbyn.

I GWYNFOR

Y gri unig o'r anial yn galw
    Ac yn galw'n ddyfal;
    Cri dyheu sy'n cario, dal,
    Ddaw eto, yn ddiatal.

Rhys Dafis

Weledydd y dydd, wyt ar dân, – naws iâ'r
    Nos hir a aeth weithian;
    Cei Gymru'n rhydd yn fuan,
    Mawr a glew wyt, Gymro glân.

Jac Evans

(Er cof annwyl a myrdd o ddiolch)

Am y gwylaidd dwymgalon – arweinydd
    A rannodd mor ffyddlon
    Rif y gwlith o fendithion,
    Â mawr ras, i'r Gymru hon.

Robin Gwyndaf

O orfod ar ein crwydr hirfaith ni welwn
    ond anialwch diffaith;
     gwêl yntau flinderau'r daith
     o Ben Nebo yn obaith.

T. Arfon Williams

Tirion lyw, tarian i'w wlad, – aur enau
    Arweinydd i'w henwlad;
     Wrth ochor Gwynfor i'r gad
     Yr elom – daeth yr alwad.

Bryan Martin Davies

Nid â thymer yr heriodd; nid â dwrn
    ond â dysg y brwydrodd;
     diwyd bu'i fywyd o'i fodd,
     yn anwyldeb nad ildiodd.

Dafydd Pritchard

TRANNOETH ISETHOLIAD CAERFYRDDIN

15 Gorffennaf 1966

Margaret Bowen Rees

Llanglydwen, Henllan Amgoed, Pant-y-caws,
    A glywaist ti eu henwau hwy erioed?
Naddo, mae'n debyg, y mae'n dipyn haws
    Dilyn y briffordd gul na throi i'r coed
A threiglo rownd corneli'r feidir fain.
    Ond mentra arni rywbryd, nid am fod
Blodau yn llenwi'r gwrychoedd a bod sain
    Cylfinir ac ehedydd yno'n glod,
Ond am i Huw o ganol cnaeaf gwair,
    A Jac cyn mynd i yrru'i lorri laeth
A Wiliam ar ei ffordd â'r moch i'r ffair
    A Llinos cyn dal bws y trip i'r traeth,
Gredu, ar fore Iau, mai dyma'r dydd
I fynnu bod eu Cymru'n Gymru rydd.

COFIO 'NHAD

Meleri Mair

Y cof cynta sy gyda fi o 'nhad yw iddo ddod i fy stafell wely yn hwyr y nos ar ôl iddo fe ddychwelyd o un o'i fynych gyfarfodydd. Pedair oed o'n i ar y pryd, ac ro'n i wedi bod yn dost yn ystod y dydd. Ar ôl gweithio yn y Tai Gerddi gyda'r planhigion tomatos drwy'r dydd, fe deithiodd 'nhad i gyfarfod yn yr hwyr, yna dychwelyd i'r Tai Gerddi i gau ffenestri'r holl dai gwydr. Wedyn 'nôl adre a pharatoi bara llaeth imi cyn mynd i'r stydi i sgwennu ac i ddarllen.

Roedd y Mynydd Du yn lle cyfareddol i 'nhad. Roedd ei berthynas â'r mynydd yn dyddio o'i blentyndod, pan âi ar wyliau at ei ewythr Walter ac Anti Mary yn Llangadog. Yn 'Bacwai' oedd Walter James yn byw, ond enw swyddogol y stryd oedd Heol Walter. Yn achlysurol, byddai Nwncwl Walter yn mynd â'i geffyl a'i gart lan i'r Mynydd Du i gasglu calch, ac âi 'nhad yn gwmni iddo.

Pan aeth i San Steffan yn Aelod Seneddol dros Gaerfyrddin, mynd ar y trên a wnâi yn wythnosol o Gastell-nedd i Paddington. Gyrrai o'r Dalar Wen i Gastell-nedd ar fore Llun a finnau'n gwmni iddo. Ond ar bnawn Gwener, ar ôl wythnos drom yn

San Steffan, ac yntau wedi ymlâdd ac yn teimlo'n isel ar ôl treulio amser mewn adeilad lle pwysai Seisnigrwydd hunanfodlon yn drwm ar ei ysbryd (fel y soniodd yn ei hunangofiant, *Bywyd Cymro*), fi oedd yn gyrru adre, er gwaetha'r ffaith ei fod yn teimlo'n sâl pan oedd rhywun arall yn gyrru. Roedd rhaid aros ar y Mynydd Du, lle'r âi am dro ar ei ben ei hun beth bynnag fyddai'r tywydd, er mwyn cael gwared â bryntni'r Senedd. Roedd troedio tir Cymru unwaith eto yn hanfodol iddo, ac yn falm i'w enaid.

Oddeutu 1968, yng nghanol y trefniadau ar gyfer taith i Fiet-nam ar y cyd â'r Parch. Wyn Evans, Patricia Arrowsmith ac eraill, aeth y ddau ohonom i Gaerdydd i roi gwaed ar gyfer pobl Fiet-nam. Wrth i ni groesi'r Mynydd Du, daeth geiriau cân iddo. Adroddodd nhw, a finnau'n eu hysgrifennu'n flêr ar gefn amlen. Dydyn nhw ddim yn gampwaith, ond roedd o dan deimlad wrth eu creu. Anodd oedd cyfansoddi alaw iddyn nhw ac anodd oedd eu canu, ond fe'u canwyd mewn sawl cyngerdd yn niwedd y chwedegau:

> Daw angau du o'r awyr las yn Fiet-nam,
> A lleddir llu yn filain iawn o blant di-nam.
> Daw angau du o'r awyr las yn Fiet-nam.
>
> Cawodydd llosg o napalm poeth a ffosfforws gwyn
> Ddifroda gorff a wyneb hardd y plant bach hyn.
> Cawodydd llosg o napalm poeth a ffosfforws gwyn.

O! Arglwydd da, paham y caiff y plant bach cu
Eu llosgi'n fyw gan rai sy'n moli d'enw di?
O! Arglwydd da, paham y caiff y plant bach cu?

Pa hyd y caiff barbariaid nerth i ddifa'r gwan
A chrino oes dy blant bach tlws yn Fiet-nam?
Pa hyd y caiff barbariaid nerth i ddifa'r gwan?

O, dwg yn ôl drugaredd nawr i'n bywyd ni,
A maddau'n hanfaddeuol loes i'th blant bach di.
O, dwg yn ôl drugaredd nawr i'n bywyd ni.

Ni chafodd y fintai ganiatâd i fynd o Gambodia i Fiet-nam wedi'r cyfan. Dychwelodd wedi ei siomi.

Er ei brysurdeb, anfonai 'nhad lythyrau atom tra oeddem ar ein gwyliau'n blant er mwyn ein hatgoffa, yn bennaf, bod disgwyl inni fod yn gwrtais ac yn ddiolchgar am ein lle, a'n bod i helpu'r bobl yn y lle roedden ni'n aros. Fe es i Baris gyda fy ffrind Mair yn 1960. Mewn llythyr, mae'n fy siarsio i ddysgu cymaint â phosib am y ddinas: 'Does dim eisiau dweud wrthyt i gadw dy lygaid a'th glustiau yn llydan agored – os bydd dy glustiau'n rhoi trafferth, wigla nhw ddwsin o weithiau bob bore, tra'n sefyll ar dy ben. Parlez vous français bien maintenant? Je parle doucement avec le chien.'

Yn ystod taith car, cafwyd sgwrs arall sydd wedi aros yn y cof am ei bod yn dangos mor eangfrydig oedd fy rhieni, a hyn ar ddechrau'r 1960au. Roeddwn yn mynd i fyw i Gaerdydd yn ddwy ar bymtheg oed, a 'nhad oedd yn fy ngyrru lawr i'r *digs* yn Heol Gordon. Cefais gyngor ar y llefydd i ymweld â nhw a'r math o weithgareddau y gallwn eu profi, yna fe ddywedodd petai rhywbeth yn digwydd imi a oedd yn fy mhoeni, taw fy ymateb cyntaf ddylsai fod i gysylltu ag ef neu fy mam. Do'n i ddim i boeni na fyddai croeso imi adre beth bynnag fyddai'r picil ro'n i yn ei ganol. Ei neges glir oedd y byddai cariad y teulu yn goresgyn pob anhawster.

Roedd yn ddyn caredig a chymwynasgar. Byddai'n codi unrhyw un oedd yn bodio, ac erbyn diwedd y daith byddai'n gwybod y cyfan amdanynt, ac wedi cael amser i siarad â nhw am Gymru, Cymreictod a'r Gymraeg. Roedd yn gyfle rhy dda i'w golli.

Roedd ganddo gof anhygoel ymhell i'w saithdegau. Byddai'n cael galwad ffôn gennyf yn aml yn pigo'i frêns, a ches i mo'n siomi erioed. Roedd nifer o'r teulu a chyfeillion yn ei holi'n rheolaidd hefyd, a chawson nhw mo'u siomi chwaith.

Dwi'n gwybod bod y ffaith nad oeddwn yn mynychu capel yn peri gofid iddo. Cefnais ar y capel yn ddwy ar bymtheg oed. Derbyniais lythyr ganddo yn 1980, y flwyddyn roedd yn mynd i ymp.rydio, yn ceisio fy mherswadio i ddychwelyd at y capel. Mae'n amlwg bod y capel, crefydd, bywyd a phwrpas bywyd, y cyfan yn pwyso ar ei feddwl am nifer o resymau. Yn ei lythyr, mae'n gofyn a ydw i'n byw bywyd i bwrpas:

Y mae dwy ffordd o edrych ar fywyd. Y mae naill ai'n cael ei reoli gan hap a damwain ddall – 'a tale told by an idiot, full of sound and fury, signifying nothing', neu y mae dan reolaeth Duw. Datguddiwyd natur Duw inni gan Iesu Grist. Does dim ystyr i fywyd ar wahân iddo ef – ond caiff pobl y cyfnod hwn yr un anhawster wrth siarad amdano ag y câi pobl y ganrif ddiwethaf wrth siarad am ryw. Daw pobl at ei gilydd i'w addoli ef mewn cglwys, am ein bod yn greaduriaid cymdeithasol. Trwy'r eglwys cyflwynir y ffydd o genhedlaeth i genhedlaeth; ynddi y mae gobaith deffro, cynnal a meithrin ffydd. Ynddi cydaddolwn Dduw yn yr hwn yr ydym yn byw, yn symud ac yn bod …

Mae angen dy help ar yr eglwys yn ei gwendid. Mae gennyt gyfraniad o werth i'w wneud. Mae gan bawb ei gyfraniad. Ni ddylai neb gladdu ei dalent. Da yw bwrw balchder bant a dangos ochr gyda'r rhai a alwai George Davies 'ei weiniaid a'i werinos' … Cest dy fagu yn freiniol, yn Gristion. *Noblesse oblige.*

BANNER HEADLINES GREET PLAID VICTORY – ENGLAND WAKES UP TO WALES

A. J. Howell on how the press took it

Plaid Cymru's victory at Carmarthen was front-page news in all the London dailies except one. Not a single paper missed it. They could not very well. It was in all news bulletins.

By nightfall on Friday, 50 million people knew through press and radio that Wales was on the march again, and that it was not just a picturesque outback full of Dylan Thomas characters.

2 a.m.: 'Welsh Rock Labour' plastered the front page of the *Daily Express* in one-inch capitals, taking precedence over the impending new credit squeeze and Brigitte Bardot's latest wedding. Some feat!

With greater accuracy as to time, the *Daily Mail*'s banner headline read at 1 a.m., 'The Welsh unseat Labour'. A little more soberly, but beneath a photograph of a Bastille Day parade in Paris, *The Times* carried the story in smaller type, but nonetheless bang in the centre of its new page one.

The Sun, successor to Labour's now defunct *Daily Herald*, went into partial eclipse and squeezed the story into one column; but the story still rated page one billing.

The exception: the *Daily Mirror*, but it saved its reputation by giving the victory banner headlines on its back page – 'The most exciting news since Bosworth Field'.

The *London Evening Standard* went all Welsh in its later editions. Londoner's Diary became 'Dyddiadur Llundeiniwr' and the world's reputedly best gossip column was devoted almost entirely to Plaid Cymru and Gwynfor Evans. The 'Victor of Carmarthen' of the earlier editions of the *Standard* had become 'Prince Gwynfor of Wales' by the afternoon. It reported Clifford Evans, the actor, as saying: 'The most exciting news since Bosworth Field.' Stanley Baker, who played Henry Tudor in Olivier's film *Richard III*, was reported to be giving a party to celebrate the event, with Harry Secombe and Don Houston as co-celebrators. Hearty stuff indeed!

The Times' political correspondent, under the heading 'A Craving for Welshness', noted that Carmarthen 'seems to have decided that it is time Welshmen started the march on Westminster'.

Breakthrough

Walter Terry of the *Daily Mail*, Fleet Street's number one political commentator, concluded that the voters of Carmarthen had decided 'it was time for Wales to speak out loudly against all the other parties'.

A 'sensational upset of political form' was what Wilfred Sendall of the *Express* called it. 'Fantastic,' said the *London Evening News*.

To the *Western Mail* it was 'a major political sensation'. Is this, asked the paper, 'the vital breakthrough for the Cinderella party of Wales?'

Epoch-making

Undoubtedly, this was the by-election of the century, although, as Walter Terry said, 'Little interest has been taken in London, and it was assumed that Labour would hold the seat easily.'

By mid-afternoon the telephone lines to Llangadog, Carmarthen and Cardiff were jammed with journalists and others wanting to know more about Wales, Plaid Cymru and Gwynfor Evans.

Friday's *South Wales Echo* in a leading article headed 'Triumph for Plaid Cymru', called it an 'epoch-making achievement' and Sir David Llewellyn, with characteristic ebullience, declared: 'I am glad that Gwynfor Evans has won the Carmarthenshire by-election for Plaid Cymru', and prophesied that the future political struggle in Wales was between radical nationalism and right-wing Conservative Unionists: 'Gwynfor in Westminster will bring that choice nearer.'

By Saturday the shock had subsided, but the interest had increased. In a full-page feature, Donald Gomery of the *Sketch* called Gwynfor 'the man who has made the land of his fathers sing again'. Welsh nationalism 'has suddenly become politically feasible,' he said.

Awakening

'Everywhere it was hailed as a sensational breakthrough for the party', said the *Western Mail*. Its news focus carried a feature entitled 'Plaid in Parliament' and a first leading article headed 'Gwynfor's Day' reflected Welsh feeling: 'Magnificent victory'; 'His sincerity and radicalism have been rewarded'; 'A major event in the political history of Wales'. Wales will have cause for gratitude if the victory can 'awaken Westminster to the basic needs of Wales'. It was, as one old man from Carmarthenshire told Gwynfor, an election where everyone was all 'smiles' after the result.

In the *Liverpool Daily Post*, Charles Quant said that 'all in all, the result was a political watershed in Wales'. Its entire editorial was given over to the victory. 'The deserved success of Gwynfor Evans is to be welcomed,' it said.

The Guardian gave the victory its first leader. Both the *Mail* and the *Express* devoted their picture feature page to Gwynfor Evans, his family and Plaid Cymru, with top marks for photography going to the *Mail* for its magnificent photograph of Gwynfor with two of his glamorous daughters.

The *Western Mail*'s headline in a special edition entitled 'Carmarthen By-election Special' was 'Plaid Romp Home in Sensational Style'.

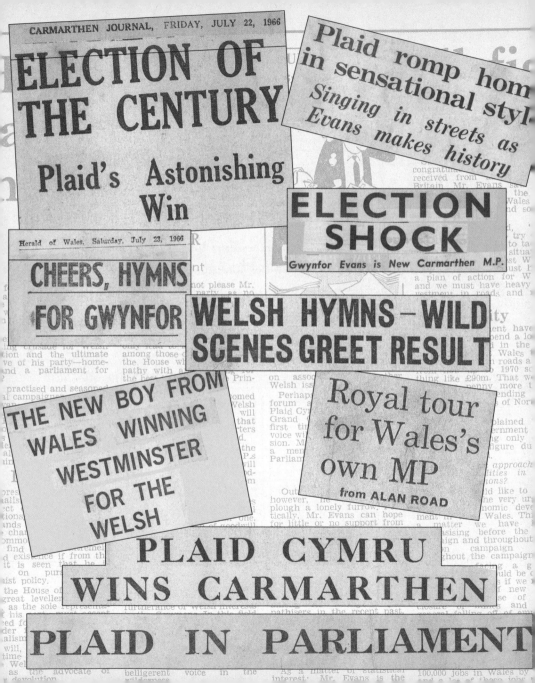

CARMARTHEN JOURNAL, FRIDAY, JULY 22, 1966

ELECTION OF THE CENTURY

Plaid's Astonishing Win

Plaid romp hom in sensational styl

Singing in streets as Evans makes history

ELECTION SHOCK

Gwynfor Evans is New Carmarthen M.P.

Herald of Wales, Saturday, July 23, 1966

CHEERS, HYMNS FOR GWYNFOR

WELSH HYMNS – WILD SCENES GREET RESULT

THE NEW BOY FROM WALES WINNING WESTMINSTER FOR THE WELSH

Royal tour for Wales's own MP

from ALAN ROAD

PLAID CYMRU WINS CARMARTHEN

PLAID IN PARLIAMENT

WEDI SEINIO BUDDUGOLIAETH

THE LON

t for Wales

Plaid's ranks swell in wake of victory

Western Mail Reporter

'WE'LL BE HERE AFTER THE ENGLISH HAVE GONE'

All for the love of you!

WER

Welsh Nation

Supplement to the August 'Welsh Nation'

IT'S HERE— THE BREAKTHROUGH FOR WALES

EVANS THE FIRST

Plaid romp home in sensational style

Singing in streets as Evans makes history

Cheers and kisses for Gwynfor on his triumphal way to Westminster

Plaid Cymru's first M.P. given a hero's welcome

O lyfr lloffion Gareth Richards, Castell-nedd

CYFWELIAD Â GWYNFOR EVANS

Y Cymro, *21 Gorffennaf 1966*

Gwyn Griffiths

Cyrhaeddodd teligram o Mecsico. Nid cynt y rhoddai Mrs Gwynfor Evans y teliffon i lawr nag yr oedd yn canu eto. Dyna fel yr oedd hi ddydd Sul diwethaf yn Nhalar Wen, cartref Mr Gwynfor Evans, yr aelod diwethaf i'w ethol i Dŷ'r Cyffredin a'r cyntaf o ymgeiswyr Plaid Cymru i gyrraedd y Senedd.

Yn ystod y tridiau a ddilynodd fuddugoliaeth syfrdanol Mr Evans yng Nghaerfyrddin, llifodd teligramau a negeseuon o bob rhan o'r byd. Cyfeiriodd Mr Evans at y nifer a gyrhaeddodd o wledydd Affrica.

Gwyddai pawb fod llygaid Prydain a'r pleidiau i gyd ar is-etholiad Caerfyrddin, yn wir, ni chafodd yr un isetholiad erioed gymaint o sylw gan y Wasg. Ond yr oedd yn amlwg hefyd fod llygaid nifer o wledydd y tu allan i Brydain wedi eu hoelio ar yr isetholiad yma.

'Nid ar chwarae bach mae symud Mr Wilson o'r lle blaen yn y papurau,' meddai Mr Evans â gwên ar ei wyneb.

Argyfwng

Dair etholiad yn ôl, yr oedd Mr Evans yn etifeddu cyfanswm o ddwy fil a hanner o bleidleisiau yng Nghaerfyrddin. Yn awr y mae'n aelod seneddol gyda chymaint â hynny o fwyafrif tros Lafur. Pam y digwyddodd hyn?

Cyfeiriodd Mr Evans at gyflwr economaidd Cymru. 'Mae'r sefyllfa yn adfydus, ac yn mynd o ddrwg i waeth,' meddai. 'Mae pobl y sir yn ymwybodol o ddiweithdra a'r bobl ifanc yn gorfod mynd i ffwrdd am waith. Maent yn sylweddoli bod yma argyfwng cenedlaethol yng Nghymru a neb yn ei wynebu.'

Dywedodd fod y Prif Weinidog wedi anfon llythyr at yr ymgeisydd Llafur yn dweud bod y genedl Gymreig yn mwynhau llewyrch economaidd mawr oherwydd pwyslais y Llywodraeth Lafur ar ddatganoli.

Yr hen esgus, yn ôl Mr Evans, oedd nad oedd amser i wneud popeth. 'Ond yn awr dyma Lywodraeth sy'n dweud mai nhw sy'n gyfrifol am y ffaith fod Cymru yn mwynhau cyfnod llewyrchus tra mae pawb yn gweld mai diweithdra sydd yma ym mhob man. Ac os yw'r Llywodraeth yn meddwl bod popeth yn llewyrchus yma, ni wneir dim rhagor,' meddai.

Dyhead

Gofynnais iddo pam mai yn Sir Gaerfyrddin yr enillodd Plaid Cymru ei sedd gyntaf. 'Rhaid i chi gofio mai yma y cychwynnodd y diwygiad Methodistaidd,' meddai, 'ac y mae yma bobl sy'n dyheu am arweiniad gwahanol.' Mewn geiriau eraill, dyma sir ag iddi draddodiad radicalaidd. Wedi'r cwbl, yr oedd gan y sir aelod Llafur mor bell yn ôl ag 1929.

Beth all Mr Gwynfor Evans ei wneud yn awr, fel aelod unigol o Blaid Cymru yn y Senedd, mwy na ellid ei wneud gan aelod o Gymro da o fewn y Blaid Lafur? Dyma'i ateb – 'Nid gennyf fi y mae'r gallu, ond gan y bobl a'm rhoddodd i yn y Senedd. A sylfaen y ddadl yw fod y bobl wedi dewis datgan eu Cymreigrwydd, ac mae'r Llywodraeth yn gwrando ar lais y bobl. Gwendid aelod sydd â phlaid heb fod fel Plaid Cymru y tu cefn iddo yw ei fod yn gorfod ymladd rhyfel cartref mewn achosion yn ymwneud â Chymru.'

Beth fydd effaith hyn ar Blaid Cymru, gofynnais. Dywedodd Mr Evans ei fod yn siŵr fod llawer iawn mwy o bobl a chanddynt gydymdeimlad â Phlaid Cymru nag sy'n pleidleisio iddi. Gan i'w phleidlais fod mor fychan, edrychai pobl ar bleidlais i'r Blaid fel pleidlais wedi ei gwastraffu. 'Ond mae hyn wedi gwneud y Blaid yn blaid gredadwy, ac yn siŵr o gael effaith aruthrol ar wleidyddiaeth yng Nghymru,' meddai.

Llwyfan

A oes gobaith y caiff Plaid Cymru ragor o amser darlledu adeg etholiadau yn y dyfodol?

'Ni ellir gorbwysleisio effaith teledu mewn etholiad,' meddai Mr Evans. 'Nid oes esgus bellach gan yr awdurdodau i roi dengwaith cymaint o sylw i'r Blaid Ryddfrydol yng Nghymru ag a roddant i Blaid Cymru.'

Gofynnais iddo beth yw ei deimladau yn awr tuag at Gyngor Sir Gaerfyrddin, lle y cadwyd ef oddi ar unrhyw is-bwyllgorau a lle y dywedwyd droeon i lawer o'i argymhellion gael eu mygu a'u gwrthod.

'Mae'n siŵr eu bod yn teimlo'n lletchwith a bod eu hwynebau'n goch,' meddai, 'ond nid wyf yn dal dim dig ac yr wyf yn edrych ymlaen am gydweithio gyda'r Cyngor yn y dyfodol.'

Dywedodd Mr Evans mai agwedd i'r chwith o'r chwith a fydd yn ei arwain ar faterion rhyngwladol megis Fiet-nam. Y mae hefyd yn heddychwr, a gellir tybied mai safbwynt cyffelyb i eiddo Mr Michael Foot a gymer Mr Evans.

Gwynfor Evans, M.P.

GWYNFOR EVANS

Am ei ffydd, ei fonedd a'i gred

Geraint Lloyd Owen

Sir Gâr sy ar y gorwel, – ac mae'r haul
    A'r Gymraeg yn isel;
    Mae'r nos fel y meirw'n hel
    Ei düwch drosti'n dawel.

Tawel, rhy dawel fu'r dydd – a'i oriau
    Araf yn ddiddigwydd;
    Bywyd fel pe heb awydd
    I barhau, a ninnau'n brudd.

Prudd yw haf y pridd hefyd. – Na, mi wn
    Am un sy'n dywedyd:
    'Mae'r haf yn y mêr o hyd,
    A chiliodd i ddychwelyd.'

*   *   *

Hwn yw gŵr y ffydd garreg
A hwn yw'r dyn ara deg
I lid; gwirion wladgarwr,
Gwylaidd, boneddigaidd ŵr.
I lyw cenedl y canaf,
A'i fyw er hon a fawrhaf.
Er ei mwyn rhoi'i ymennydd
A'i gorff oll i gario ffydd,
Y ffydd ddihysbydd a ŵyr
Ei enaid fel hen synnwyr.

Os ei i wlad Llangadog
Cei gaeau bras a glas glog.
Mae yno ardd, o'i mewn hi
Dolur ein gwlad a weli.

Gweld dolur geni, gweld dail ar gynnydd,
A sibrwd llwyn yn ysbryd llawenydd,
A gweld ein gwlad yn y gwlydd – yn araf
Droi yr hen aeaf yn hyder newydd.

Gwel, fe weli orfoledd
Brigau llawn lle'r oedd barrug y llynedd,
A gweli ŵr golau'i wedd, – gŵr o blaid
Yr haf, a'i enaid mor fawr â'i fonedd.

Fe ŵyr hwn y gyfrinach
A gŵyr boen y blagur bach.
Trwy sicrwydd llawer blwyddyn
A giliodd, fe ddysgodd hyn:
Ni bu rhyddid heb wreiddiau,
Ni bu ŷd lle na bu hau.

Anial oedd gwlad ei eni, – am hynny
Y mynnodd fynd ati
I'w throi yn ardd a'i thrin hi.

Bu'n hau ar y bannau hyn, – hau breuddwyd
Ar bridd garw'i gyd-ddyn
Fel daear heb flodeuyn.

Heuwr rhyddid ar ffriddoedd – ei henwlad
Heb ganlyn tyrfaoedd;
Heuwr ymhob storom oedd.

Gwybu'r gwawd lle gwibiai'r gwynt, – wynebodd
Anobaith y cerrynt
Gan barhau i hau ar hynt.

*   *   *

Bu'r gaea'n hir a'r barrug yn aros,
Ataliai y rhew betalau y rhos;
A ddeuai haf? Dôi'n ddi-os. – Roedd ei gred
Yn ei oged, a'r gwanwyn yn agos.

Gwelsom Gaerfyrddin wedi hir grino
A'i daear gynnar yn ailegino,
A gweld enaid gwlad yno – o'r diwedd
Yn ei anrhydedd yn mynnu rhodio.

Yno'r oedd blodyn rhyddid,
Yno'r oedd yr haf yn wrid,
A phob perth yn brydferthwch,
Egin llawn, a'r gaea'n llwch.

Ond daeth yr hydref yn ei dro hefyd
Hyd erwau Sir Gâr gan dreisio'r gweryd;
Pan ddaeth marwolaeth yr ŷd – fe roesom
Waedd o siom, ond ein llyw yn ddisymud.

Haf byr ond haf a bery, – oblegid
Y blagur a ddeffry;
Ni wna'r haf ond gaeafu,
Daw ei awr yn y pridd du.

Ac wedyn yn Llangadog
Bydd caeau bras a glas glog.
A gweli ŵr golau'i wedd,
Gŵr mwyn â gwir amynedd.

Gweli yno ffydd y galon ffyddiog,
Y gred a ddeil drwy'r gwaradwydd halog;
Coel na ŵyr calon oriog – ydyw hi,
A gwêl hon godi'r Ddraig o Langadog.

Os yw yn aeaf, mae'n ernes newydd
O'r ha' nas ganwyd, ernes o gynnydd
Hardd a ddaw i'r ardd rhyw ddydd – ar ei daith,
Mae'r addewid eilwaith ym mhridd dolydd.

BACK FROM THE COMMONS –
TO A VILLAGE CONCERT

South Wales Evening Post, 22 July 1966

Jill Forwood

Yesterday, in the 21st year of his presidency of Plaid Cymru, Gwynfor Evans made history by taking his seat in the House of Commons as its first Welsh Nationalist member.

Of all his supporters who rejoiced, perhaps the most composed was a woman dressed entirely in cream save for a red enamel and marcasite brooch in the shape of the Welsh dragon.

In the gallery, proud but impassive, Mrs Gwynfor Evans' thought was: 'This is not the end of the battle, only the beginning.'

Rhiannon Evans, a handsomely youthful brunette, radiates an aura of calm. The only time serenity deserted her was an hour before the shock result of the Carmarthen by-election last week was announced.

'We heard a rumour that something stupendous was happening and I just sat there shivering as if I had the ague. Then came the result and well ...' Hazel eyes opened wide and shoulders shrugged at the inadequacy of words. 'Well, I was dazed. And I still am.'

Triumphant

Success is a heady potion and, with her husband being hailed as the new Welsh hero, Mrs Evans could be forgiven a happy mental hangover. But though dazed as she claims brightly, it doesn't show.

Earlier, on the triumphant train journey to London, when they were met at each Welsh station by crowds of flag-waving, anthem-singing supporters, Mrs Evans admitted she had not expected for a moment that her husband would win.

'It was the eighth attempt – the third in Carmarthen in 20 months – and I'd had promises before. But people let you down at the last minute, you know. They can't bring themselves to put the cross in the right place.

'I was sure Gwynfor would come second. But winning like that … Oh yes, it was the most wonderful surprise, thanks not so much to Gwynfor as to all the Carmarthenshire people who voted for him. I only hope now that we will be able to do something really worthwhile for the county.'

A Nationalist

Mrs Evans uses the 'we' politically as well as matrimonially. She was a nationalist long before she met her husband and married him 25 years ago, on St David's Day.

Born in Liverpool of Welsh parents, who followed her into Plaid Cymru, she went to a public day school where the other girls 'rather looked down' on her.

'They used to call me Taffy and were always reciting that horrible rhyme, "Taffy was a Welshman, Taffy was a thief". It got my back up and I suddenly realised I was proud of being able to speak Welsh.'

It wasn't until she was 20, when her bank manager father was transferred to South Wales, that she came to live in the country she loved.

Romance

Dolgellau, where holidays in her grandparents' cottage had sown the seeds of romance with Wales, was also the scene of her first meeting with Gwynfor. He was staying in the youth hostel there. He being secretary of the Peace Pledge movement, her mother being treasurer and she being an active member, it was an immediate union of ideals.

But, she says frankly, with her, nationalism is less a matter of economics than of emotion.

'I do believe that any nation, however small, has the right to govern itself. Wales is different from England and has different problems. I don't see why we shouldn't be allowed to decide for ourselves what to do with our land and resources.

'But to me, it's very much an emotional thing. When I see our age-old mountains and our lovely lakes, my breath goes at the beauty and the drama of it all. Every time I hear Sibelius' *Finlandia* I'm so moved I could cry, because it reminds me so much of Wales. I think everyone who loves their country feels like that, don't you?'

Four hotels

Gwynfor and Rhiannon Evans have seven children, all of whom made the trip to London although, because of the World Cup influx, they had to stay at four different hotels.

All the children – Alcwyn, 24, Dafydd, 22, Meleri, 20, Guto, 18, Meinir, 16, Branwen, 15, and Rhys, 10 – helped 'tremendously', their mother says, during the campaign. Obviously pleased by the result, none of them seemed over-awed by the consequences. Beatle-fringed Rhys, peering over a *Batman* comic, said he wouldn't be put out if he had to miss Westminster, but they had to go to the British Museum to see the mammoth skeleton.

Mrs Evans leaned back and laughed. 'We're a very ordinary family,' she said. 'Close-knit, but ordinary. Tell Rhys and Guto to get their hair cut, and they come back the same as they went. The girls are the same. If their skirts aren't short, it's a tragedy. Perhaps it's just as well we believe in letting them have some individuality.'

Reality

'But I think the reason they aren't overwhelmed by their father becoming an MP is because he's always been a prominent figure in some circles. He's been a president of the Congregational Union, a deacon, a Sunday school teacher. He's not been insignificant, and ever since they can remember, he's been looked up to. To them, this is just another step, nothing that special.'

To every other Nationalist, the step has been far from ordinary to extraordinary. The dream has at last become reality, and patriotism shows signs of flaring through Wales like a bushfire.

Within a week, it has revived enough to recruit 1,000 new members. Donations have 'rolled in' to clear the £800 cost of the campaign. More than 2,000 telegrams and letters of congratulations have been delivered by the sackload to the Evans' Llangadog home.

'The point during the last 21 years has not really been to get a seat,' Rhiannon Evans said. 'The point was getting together a party, a volume of people big enough to influence Westminster.'

Enough offers
'Gwynfor could have got in before as Labour or Liberal. He had enough offers. What we wanted was enough people with the same belief to be heard by the Government and we achieved that if only by the appointment of a Secretary of State for Wales.

'This is the beginning of a new era for us. The main point now is to get a big enough party behind us and I think there's a new surge of pride and patriotism going all through Wales. I've heard several rumours, and people in other divisions have told me, that what happened in Carmarthen will certainly influence them. If this is so, then it may not be long before Gwynfor is joined in the House by other Plaid Cymru members.'

If that happens, 'ordinary' life for Rhiannon Evans may cease to exist. The last few days have given her a foretaste of the possible future.

Phone calls

At home, they've been swamped by telephone calls, recording units, the Press – 'I've not minded, except that I've not been as hospitable as I would have liked: I've had to give them squash and biscuits instead of proper food,' – and offers of help.

All Llangadog, proudly watching the projection of the Evanses into international figures, has wanted to help.

'They know I do all the housework myself, and they've all been sending messages to do this and that for me. They've told me to send my washing to them and yesterday, two girls turned up to do the ironing and polish the floors.'

Cool and calm

'I'm so glad we live in the country because of the people. They're marvellous. Do you know we just had published locally a book of very good poems? They were written by a cobbler and a road-mender. And there's the conductor of the choir, a marvellous man who works on the railway. He sits up at night in bed reading scores like Handel's *Messiah*. Back home with people like that, we're nothing out of the ordinary.'

If Wales gets the *hwyl* for another revival, Mrs Evans will have to forget about 'ordinary'. But until it does, she's staying cool and calm. Realistically, her mind is occupied with problems like getting the children off to Urdd holiday camps next week, and on the family market gardening business.

'I've been a political widow for 21 years, so in one respect, Gwynfor's success is not going to mean much difference. But he'll be in the House except for weekends and recesses, so I'll have to manage the business.'

Sandwiches
Deeply involved in village life, it's a local concert that brings Mrs Evans and family, minus the head, back to Wales today. 'We've got a concert to choose our carnival queen, rose queen and fairy queen. I've got to cut sandwiches and make cakes for the judges. Anyway, it's just as well. We've got to get back to the business of living, or we'll be getting too big for our boots.'

No-one, I think, not even Plaid Cymru's strongest critics, could ever accuse the Evanses of that.

RHIANNON

Nia Evans

Rhiannon, wraig chwedlonol,
A'i mwynder yn her o'i hôl;
Wraig driw â chryfder Siwan,
Hon yw mam y pethau mân,
Hon yw amrant y Cymry,
Hon yw nain ein tylwyth ni.
Hon yn fwyn fel bedwen Fai
Yn ei hanterth oedd fintai,
Yn ei hwyl mae lleng o her,
Yn ddistaw mae gwedd Esther
Yn bŵer drwy'i thynerwch,
Ynddi'n driw mae'i ffydd yn drwch.
Ar yr aelwyd mor wylaidd,
Hon, wraig gref, yn dyfrio gwraidd
Y dewr, anwyldeb ar dân,
A'i llewyrch fel Gwenllian;
Hon a'i gwên yn gefn i gawr,
Hon i Gwynfor wraig enfawr;

Yn y cefndir yn dirion,
Ei chryfder ydyw her hon
I'w gwlad, yn gariad i gyd,
Hon wernen o gadernid.

I RHIANNON EVANS

Tudur Dylan Jones

Trwy ddolur neu drwy seguryd, ac oes
o esgusion enbyd,
y mae gardd ynom i gyd
heb ei hau yn ein bywyd.

Ond er hyn daw arweinydd, un fel hon
yn ddiflino beunydd,
i hau, bob blwyddyn newydd,
y darn o dir yn ei dydd.

Ni raid gofyn ond unwaith iddi hi
o hyd, cyn dod afiaith
y Rhiannon hon ar waith,
yn Rhiannon i'r heniaith.

Fe fu yn gefn i ni i gyd i'r eithaf
trwy waith ei hanwylyd;
bu hon yn rhoi bob ennyd
i deulu Cymru cyhyd.

Trwy yr hwyl a'r treialon, er i glais
hagru'i gwlad yn gyson,
ac er y gad, gwraig yw hon
na chilia o'i gorchwylion.

Yn iach yn ôl daw'n chwyn ni yma byth;
gwyddom bawb am erddi
a dagwyd trwy'n diogi,
ond gwyrdd o hyd ei gardd hi.

Ei haeddiant roddwn heddiw, a'i roi oll
i wraig mor unigryw,
rhyw un wên mor gadarn yw,
gardd o hyd mewn gwyrdd ydyw.

Y CHWECHED SYNNWYR!

Mewn rhifyn arbennig o gylchgrawn Y Ddraig Goch *a gyhoeddwyd ar ôl yr isetholiad*

Islwyn Ffowc Elis

Wn i ddim yn iawn beth a'm harweiniodd i Sir Gaerfyrddin i fyw. Efallai mai rhyw chweched synnwyr yn sibrwd mai yma y byddai'r wawr yn torri ar Gymru. Dyma, heb os, y sir orau i fyw ynddi ar y foment, ac mae'n fraint cael trigo ymysg y bobol sy wedi rhoi Cymru ar fap y byd.

Dyna'n union sy wedi digwydd. Wythnos yn ôl doedd yr enw 'Cymru' yn golygu dim y tu allan i'r ynysoedd Prydeinig. Heddiw mae ymholiadau am Gymru a'i phlaid genedlaethol yn llifo i'n swyddfa o bob rhan o'r byd.

Cymeriad a phersonoliaeth Gwynfor ei hun oedd yn bennaf cyfrifol am y fuddugoliaeth anhygoel hon. Ond gyda hynny fe weithiodd Plaid Cymru'n galetach ac yn fedrusach nag unrhyw un o'r pleidiau eraill. Ac odanom ar hyd y ffordd yr oedd y don yma o ddeffro cenedlaethol yn ein hysgubo'n anochel i fuddugoliaeth.

Dyma ddigwyddodd:

Gwynfor Evans, Plaid Cymru	16,179 (7,416)
Gwilym Prys-Davies, Llafur	13,743 (21,221)
Hywel Davies, Rhyddfrydwr	8,650 (11,988)
Simon Day, Ceidwadwr	2,934 (5,338)
Mwyafrif Plaid Cymru	2,436 (Mwyafrif Llafur 9,233)

Cynnydd y Gefnogaeth i Blaid Cymru

Cynyddu ei bleidlais 120 y cant mewn tri mis. Troi pleidlais o 2,500 yn 1959 yn fwyafrif o 2,500 dros Lafur yn 1966 sef cynnydd o 600 y cant. Dyna yn foel y ffigurau a ddangosir ym muddugoliaeth Mr Gwynfor Evans yng Nghaerfyrddin yr wythnos diwethaf.

Llwyddodd Plaid Cymru i ennill ei sedd gyntaf yn Nhŷ'r Cyffredin mewn etholiad â llygaid Prydain i gyd wedi eu hoelio arni, a phob plaid wedi dangos yn gwbl eglur ei bod yn awyddus i wneud yn dda ynddo.

Wedi 41 mlynedd yn yr anialwch, mae Plaid Cymru wedi cyrraedd y garreg filltir fwyaf yn ei hanes. Ymladdodd ei sedd gyntaf yng Nghaernarfon yn 1929, pan oedd y Parch. Lewis Valentine yn ymgeisydd, ond ni fu'r Blaid yn ymladd etholiadau o ddifrif hyd wedi'r rhyfel. Cynyddodd y gefnogaeth yn raddol, ac yn 1959 casglodd Plaid Cymru 77,571 o bleidleisiau drwy ymladd 21 o etholaethau. Ond yn 1964, er iddi ymladd 24 o seddau, yr oedd cyfanswm pleidleisiau Plaid Cymru i lawr yn sylweddol. Yn yr etholiad cyffredinol diwethaf cododd cyfanswm y bleidlais ychydig, er mai ugain o ymgeiswyr oedd ganddi yn y maes.

Pleidlais Gwynfor Evans yn Sir Gaerfyrddin oedd uchafbwynt yr etholiad hwn, pan ddenodd 7,500 o bleidleisiau – cynnydd o tua 2,000 yn ei bleidlais yn Sir Gaerfyrddin. Gydag un neu ddwy o eithriadau, siomedig fu gweddill ymdrechion Plaid Cymru yn yr etholiad cyffredinol diwethaf.

Heddiw, dydd Iau, bydd Mr Gwynfor Evans yn mynd i'r Senedd am y tro cyntaf ac fe'i cynigir fel aelod gan ddau aelod sy'n hanu yn wreiddiol o Sir Gaerfyrddin, Mr S. O. Davies, Llafur, Merthyr, a Mr James Griffiths, Llafur, Llanelli. Deellir iddo gael cynigion oddi wrth aelodau o'r pleidiau eraill hefyd.

YNG NGHYSGOD CAWR

Cyhoeddiad Plaid Cymru, Hydref 2002, fel rhan o ddathliadau pen-blwydd Gwynfor yn 90

Adam Price

Yn y pydew a elwir yn ddemocratiaeth seneddol fodern yn San Steffan, mae ein gwrthwynebwyr gwleidyddol yn barod iawn i bardduo arweinyddion gorffennol a phresennol ein plaid pan na allant ddal pen rheswm mwyach. Y mae un enw, serch hynny, sy'n nodedig yn ei absenoldeb o'r pantheon o wawd – enw fy rhagflaenydd fel Aelod Seneddol Sir Gaerfyrddin dros Blaid Cymru, a gwir sefydlydd cenedlaetholdeb Cymreig cyfoes. Mae enwogrwydd Gwynfor, un o wir fawrion hanes gwleidyddol Cymru, yn ddiymwad, a derbynnir hyn yn anfoddog gan ein gelynion pennaf, hyd yn oed.

Roedd bod yn 'Welsh Nash' yn Sir Gaerfyrddin yn y 60au a'r 70au yn ddigon gwael, ond roedd bod yn aelod etholedig yn waeth o lawer. Efallai fod gan Gwynfor greithiau o'i amser fel unig aelod Plaid Cymru ar Gyngor Sir Gaerfyrddin, ac fe wn i o brofiad y gall San Steffan fod yn lle unig a difaddeuant i aelod o blaid leiafrifol ar brydiau. Rhaid bod perchen ar yr unig lais a siaradai dros Gymru yn erbyn cymaint o ddifaterwch a gelyniaeth yn gofyn am gryfder meddwl ac argyhoeddiad na alla i ond rhyfeddu atynt.

Mae Gwynfor wedi dioddef dros ei wlad, ei hiaith a'i phobl. Ond chlywch chi fyth mohono'n siarad am y baich hwn. I Gwynfor, y fraint fwyaf oedd llunio mudiad cenedlaethol o lwch gorchfygiad. Rydyn ninnau'n freintiedig hefyd – o gael ei nabod, o gael ein hysbrydoli gan ei huodledd brwd a'i raslonrwydd tyner. Rydyn ni'n freintiedig o fod wedi cael ein harwain gan y fath ddyn carismataidd, gwybodus a phenderfynol.

Tri chynnig i Gymro – a thair buddugoliaeth i'r Cymro mawr hwn. Ein buddugoliaeth ni yn etholiad Caerfyrddin oedd ei fuddugoliaeth ef; nid oes arwydd sicrach o'r newidiadau a saernïodd yn ystod ei fywyd na mab i lôwr yn ennill dros Gymru yn Sir Gaerfyrddin.

Dros yr ychydig flynyddoedd diwethaf hyn, gwelodd Gwynfor ein pobl yn atgyfodi o gyrion anobaith i hawlio dyfodol cenedlaethol. Nawr mae cyfiawnder a rhyddid i'n pobl yn galw.

Gwynfor, mae pen y bryniau'n dechrau llawenhau.

GWYNFOR

Leanne Wood

Gwynfor Evans' victory happened five years before I was born. However, had it not been for that victory, then arguably Plaid Cymru wouldn't have been the attractive party that came to my attention when I was 19 years old.

In the intervening twenty-five years, Plaid Cymru's total number of MPs had grown to four by the time I was involved in my first UK General Election in 1992. I worked during my student holidays for Cynog Dafis's campaign in Ceredigion, and caught the election bug when Cynog took Plaid Cymru from fourth to first place in that election.

And it wasn't too many years later, during a Plaid Cymru conference in Aberystwyth in 1997, that I was selected from a large contingent of youth members to meet a frail Gwynfor and escort him on to the stage at what was to be his last ever Plaid conference. I was deeply honoured to have spent that short time talking with him backstage that day. I remember feeling deep respect for him when he followed up with a short note, thanking me for the chat and wishing me well in my future electoral endeavours.

Gwynfor's election in 1966 shook Welsh politics to the core. It laid the foundations for the party to grow, to go on to help establish the National Assembly, and to become its second biggest party. 1966 was Plaid Cymru's first electoral breakthrough. Our second one was in 1999 – and I'm working on the next one being not too far away. Wales can't afford to wait another 33 years. The message is the same today as it was in 1966: 'Vote Plaid'. Gwynfor would surely approve.

Gwynfor Evans, Karl Davies a Leanne Wood,
cynhadledd Plaid Cymru 1997 yn Aberystwyth

GWYNFOR

T. James Jones

Pan elwn i'r berllan y gaeaf
ni chawn yno neb ond y gwynt
yn rhwygo'i gnawd yn y brigau.
Fe'i gwelwn yn rhisglo'i dalcen
o foncyff i foncyff rhonc
a'i ricio gan ddannedd y rhew.

Yno roedd gweoedd y Corryn
a gyflyrodd genedlaethau o hafau
i dderbyn pob hydref fel y derbyniodd ein tadau'r dicléin.
Ac er i Ha' Bach Mihangel ddychwel o glawdd i glawdd
i dorri ar wg y gaeaf,
byddai'n ffoi am ei fywyd rhag henaint brain y Mis Du.

Ac o Ragfyr i Chwefror yr yrfa
daearwyd cenedl grin.
Roedd y gwynt yn yr angladd –
daearwyd ei ddagrau
dwfn
didwyll

drud
a'r dyfnder a alwodd ar ddyfnder
nes treiddio o'r dagrau i'r cedyrn ddyfnderoedd
a chael yno wreiddiau'n ymestyn i lawr y canrifoedd.

A dyfnder a alwodd ar ddyfnder –
Bydded bore o wanwyn!
A'r gwanwyn a fu!

Roedd y gwynt yn y geni –
ac fel gorfoledd yn torri ar wyneb anwylyn
fe ffrwydrodd y berllan yn deilchion gan flagur
a chwalu lledr weoedd y Corryn bras.

Canaf salm o ddiolch i Grëwr y gwynt
am roi i mi gof am hen obaith
a'r deffroad nas difrodir.

Canaf yn llawen heno
am nas rhwymir,
am na ellir mo'i sodli o blwy i blwy
na chrynhoi *dossier* ei bererindodau.

Pwy all atal ei fysedd rhag tanio'r tannau?
Pwy all luddias ei law rhag porthi'r gwreiddiau?

Dadorchuddio cofeb Gwynfor ar y Clos Mawr yng Nghaerfyrddin, 17 Gorffennaf 2016